Implantação de inovações curriculares na escola: a perspectiva da gestão

Esther Carvalho

São Paulo
2019

Supervisão: Departamento de Marketing da Fundação de Rotarianos de São Paulo

Produção Gráfica: On Art Design e Comunicação

Diagramação: Maurício Iamarino Marchezin

Imagem da capa: Steve Johnson (Pexels)

Revisão: Mônica de Moraes Oliveira

Impressão: Hawaii

```
Dados Internacionais de Catalogação na Publicação (CIP)
       (Câmara Brasileira do Livro, SP, Brasil)

   Carvalho, Esther
      Implantação de inovações curriculares na escola :
   a perspectiva da gestão / Esther Carvalho. --
   São Paulo : Editora Cla Cultural, 2019.

      Bibliografia


      1. Currículos 2. Educação 3. Educação -
   Finalidades e objetivos 4. Gestão escolar 5. Inovação
   curricular 6. Professores - Formação I. Título.


19-31776                                         CDD-371.2
           Índices para catálogo sistemático:

   1. Inovação curricular : Gestão escolar : Educação
         371.2

   Maria Alice Ferreira - Bibliotecária - CRB-8/7964
```

Livro editado e organizado pelo Colégio Rio Branco.
Uma publicação de:
Editora CL-A Cultural Ltda.
(11) 3766-9015
editoracla@editoracla.com.br
www.editoracla.com.br

Disponível também em *ebook*.

Aos meus pais, Bernardino e Helena, pelas raízes,
pela existência e pela família tão especial.

Ao meu marido, Ivan, pelo que me completa.

Aos meus filhos, Julia e Guilherme, por serem o melhor de mim.

Aos professores, alunos e todos aqueles que fazem o Colégio Rio Branco,
por tudo que fomos, somos e seremos.

AGRADECIMENTOS

A concretização deste trabalho deu-se por meio do apoio de uma rede de pessoas que, de várias maneiras, me incentivaram, me apoiaram e me fizeram a acreditar que ele pudesse acontecer.

Agradeço à minha orientadora, Maria da Graça Moreira da Silva, parceira de outros sonhos e empreitadas, que me instigou a enfrentar esse desafio e me fez acreditar que eu poderia contribuir com outras pessoas, a partir da sistematização acadêmica de minha experiência.

Na pessoa de Fernando José de Almeida, agradeço a todos os meus professores do Programa de Pós-Graduação da Pontifícia Universidade Católica de São Paulo (PUC-SP) que, com seus diferentes saberes e competências, possibilitaram a ampliação, além do meu repertório teórico, do meu olhar sobre a vida e sobre a importância do que faço.

Agradeço a Miguel Ângelo Thompson Rios e Valdenice Minatel Melo de Cerqueira pelas inquietações e contribuições que trouxeram a esta pesquisa.

Na Fundação de Rotarianos de São Paulo, mantenedora do Colégio Rio Branco, onde atuo, tenho recebido, ao longo de todos esses anos, reconhecimento, valorização, investimento em meu desenvolvimento pessoal e profissional e, acima de tudo, confiança em meu trabalho. Por meio dela, obtive, ainda, a autorização para realizar esta pesquisa. Em nome das pessoas abaixo agradeço, de coração:

Ao Dr. Nahid Chicani que, a cada encontro, sempre diz "minha diretora favorita" e nesses anos tem demonstrado reconhecimento e confiança no meu trabalho, apoiando o nosso Colégio Rio Branco de todas as formas possíveis.

Ao Dr. Eduardo de Barros Pimentel, por todas as oportunidades proporcionadas e, mais do que tudo, pelo seu interesse e motivação pelas experiências por mim vividas. Jovem há mais tempo, se mantém sempre ávido por aprender e, como eu, gosta de desafios.

A Marco Rossi, cujo apoio, exigência e confiança me fizeram crescer muito e me ajudaram a chegar até aqui. Sempre acreditando na minha capacidade e na minha evolução, possibilitou, em parceria, que ideias se transformassem em realidade.

Aos pares, Claudia, Renato, Tatiana e Valquiria, gestores escolares do Rio Branco, que sonham e realizam junto comigo e, assim como eu, acreditam que podemos fazer melhor todos os dias. Obrigada por compreenderem os momentos de ausência e por realizarem nosso trabalho com tanta dedicação e competência.

Agradeço, nas pessoas de Ana, Caio, Carol, Henrique e Renata, a todos aqueles que acreditam, sonham, ousam, buscam e realizam esse movimento de metamorfose no Colégio Rio Branco. Vocês representam muitas pessoas que fazem a mudança acontecer!

Agradeço à Rose, por todos os dias que me recebe com carinho, cuidado, competência e paciência, contribuindo para que nossa rotina seja mais produtiva e organizada! Obrigada por tudo!

À Cida, Assistente de Coordenação do Programa da PUC, que, com sua atenção, paciência e competência, nos ajuda com os procedimentos acadêmicos e rotinas, o meu muito obrigada!

Agradeço à Mônica Oliveira, mais do que uma revisora competente, foi parceira e disponível, dividindo comigo a lapidação deste trabalho.

"Educar é crescer. E crescer é viver. Educação é, assim, vida no sentido mais autêntico da palavra."

Anísio Teixeira

SUMÁRIO

PREFÁCIO..9
INTRODUÇÃO...12
CAPÍTULO 1 - TRAJETÓRIA PESSOAL E PROFISSIONAL..............25
CAPÍTULO 2 - A PESQUISA..31
    2.1. Questão problema da pesquisa..31
    2.2. Objetivos...32
        2.2.1. Objetivo geral..32
        2.2.2. Objetivos específicos...33
    2.3. Metodologia..33
    2.4. Análise dos dados...35
CAPÍTULO 3 - REFERENCIAL TEÓRICO..37
    3.1. Gestão escolar...37
    3.2. Currículo...40
    3.3. Inovação Curricular..42
    3.4. Cultura organizacional..51
CAPÍTULO 4 - LÓCUS DA PESQUISA...55
    4.1. Histórico da instituição...56
    4.2. Estrutura organizacional da FRSP - breve descrição........................58
    4.3. Estrutura do Colégio (gestão e pedagógica).....................................58
    4.4. Elementos identitários..62
CAPÍTULO 5 - CURRÍCULO EM MOVIMENTO: METAMORFOSE DA ESCOLA...65
    5.1. Recorte histórico...65
    5.2. Coordenação de Projetos: um novo caminho...................................66
        5.2.1. Coordenação de Projetos: Pré-Universitário...........................67
        5.2.2. Coordenação de Projetos: Currículo Flexível..........................68
        5.2.3. Coordenação de Projeto: Núcleo de Desenvolvimento e Inovação Aplicados..69

5.3. Janelas de oportunidades...71
5.4. Novos componentes curriculares..76
    5.4.1. Cotidiano em Questão – CoQuest..76
    5.4.2. Jovem em Perspectiva..80
5.5. Sala de aula ressignificada..81
    5.5.1. A ruptura com o espaço tradicional da sala de aula............................81
    5.5.2. Retirada do sinal sonoro registrando a rotina escolar........................84
5.6. Módulos Pré-Universitários e Estudos Internacionais............................85
5.7. BNCC no contexto de mudança...87
CAPÍTULO 6 - REORGANIZAÇÃO DOS TEMPOS DO ANO LETIVO E DA AVALIAÇÃO..88
    6.1. Nova estrutura do sistema de avaliação..89
        6.1.1. Ciclos Fundamentais...89
        6.1.2. Ciclo Síntese...92
        6.1.3. Recuperação Paralela: uma nova dimensão....................................97
CAPÍTULO 7 - ANÁLISE SOBRE INVARIANTES E SISTEMA DE AVALIAÇÃO..100
    7.1. Categoria Tempo...100
    7.2. Categoria Espaço...102
    7.3. Categoria Saber..105
CAPÍTULO 8 - GESTÃO ESCOLAR E INOVAÇÃO CURRICULAR............109
    8.1. Gestão e relações de poder..109
    8.2. Gestão, fases e características da Inovação Curricular....................112
    8.3. Gestão e cultura organizacional...115
    8.4. Gestão escolar e motivação...115
        8.4.1. Motivação e conquistas: o "livro laranja"......................................116
    8.5. Gestão escolar e o desenvolvimento de pessoas................................118
    8.6. Gestão e infraestrutura..120
    8.7. Gestão e manutenção de propósito (demanda)..................................121
CONSIDERAÇÕES FINAIS..123
REFERÊNCIAS..128

PREFÁCIO

Mudanças disruptivas ou incrementais?

Essa é uma das primeiras inquietações que emergem da leitura do denso e estimulante texto apresentado na obra **Implantação de inovações curriculares na escola: a perspectiva da gestão**.

Mudanças, inovações e rupturas são postas como a ordem do dia, não importando de qual atividade estamos nos referindo, sempre estaremos em constante transformação, do despertar ao adormecer. Entretanto, não estamos aqui nos referindo a mudanças quaisquer, mas mudanças na educação: no chão da escola e em toda a ecologia que envolve seus atores, espaços e tempos e na própria "vida mesma".

Instigadora incansável, adotar inovações sempre marcou a vida e a carreira da professora Esther Carvalho. Aliás, como tenho a oportunidade de conhecê-la há tempos, como orientadora e amiga, testemunhei várias oportunidades em que quando tudo estava caminhando bem, ela colocava o cenário de cabeça para baixo, sempre procurando uma maneira de transformar o dia a dia da escola. Nunca deu as costas às inovações, ao contrário, usualmente reage às mudanças com pouco apego ao antigo e, com perspicácia e determinação, se apropria e aproveita ao máximo o que as oportunidades podem descortinar e cria. É inquieta!

Esse livro trata da reflexão conceitual e da prática sobre a escola e seu cotidiano em tempos que coabitam o novo, marcado pelos avanços exponenciais das tecnologias, algoritmos, inteligência artificial e o antigo – ou clássico, marcado pelos anos e anos de edificação humana. O antigo não é o "velho". É fundamento! Carrega os valores estruturantes do processo de hominização, no entanto, não se repete, uma vez que desvela formas originais de se concretizar.

Mas não espere receitas ou respostas simples, pois inovar "a", "na" e "com" escola não é uma tarefa trivial. Cada pequena mudança gera uma grande transformação, alterações na gestão, nos processos, nas relações, nas subjetividades e nos diversos ambientes que compõem o cotidiano escolar.

Gestora do Colégio Rio Branco, reconhece o legado dos 73 anos da escola como uma qualidade. Distingue as permanências e mudanças! A autora não tem a pretensão de começar tudo do início, mas tem a ousadia de, ao articular os saberes, "fomentar, dentro da instituição, que esse movimento contínuo de metamorfose busque soluções e caminhos criativos para viver a educação na contemporaneidade".

A autora nos brinda com uma fundamentação teórica vívida e fresca, articulando os conceitos mais clássicos de gestão escolar aos conceitos mais recentes de gestão de inovações, a maior parte debatida com educadores e gestores de Harvard acompanhado do olhar ao contexto brasileiro. Nesse mesmo capítulo, tece o diálogo entre o currículo e a inovação curricular, imprescindível para o entendimento do último conceito tratado, o da cultura organizacional.

O capítulo intitulado "Currículo em movimento" se debruça por três anos pautados em práticas. Práticas assertivas implantadas incrementalmente na escola. Essas práticas não se impuseram *"top-down"*, mas envolveram professores e alunos, chamados a pensar e a repensar – em conjunto. Dentre o oferecido ao leitor, destacam-se: **As janelas de oportunidades**, que buscam compor novos agrupamentos – interdisciplinares, para professores e alunos, alterando as usuais turmas, e provocando o intercâmbio de saberes nas diversas áreas do conhecimento. **O Cotidiano em Questão** – que envolve temas como sustentabilidade, empreendedorismo e direitos humanos, trabalhados entre as áreas Ciências Humanas, Ciências da Natureza e com foco na Cultura *Maker*. **Sala de aula Resignificada**, rompendo com a organização convencional das carteiras enfileiradas e convidando os professores a explorar novas configurações e espaços para a sala de aula e, como consequência, vislumbrando novas metodologias.

Além das práticas mencionadas, outras se somam, mas uma das mais atraentes é a **Reorganização Dos Tempos Do Ano Letivo**. Essa é uma daquelas descobertas que nos traz à mente a questão: por que não pensamos nisso antes? É a ruptura da consagrada organização de semestre ou trimestre letivo, para Ciclos de aprendizagem, sendo três Ciclos Fundamentais e um de Síntese, com menor duração, o que instiga, também, novas formas de avaliação.

Os capítulos finais da obra trazem as reflexões e conclusões da autora sobre os fundamentos, as mudanças e o lócus da gestão escolar, em especial as articulações entre a gestão e as relações de poder, as fases e características da Inovação Curricular, a cultura organizacional e a motivação - culminando com o desenvolvimento de pessoas, e a infraestrutura e a manutenção do propósito.

Próximo ao fim, a autora destaca que a opção por mudanças incrementais, e não disruptivas, busca, a um só tempo, não descartar a cultura e a história construída, mas partir dela para projetar caminhos; compartilhar propósitos, engajar e desenvolver pessoas; estabelecer e manter demandas por meio de processos assertivos e competentes de gestão. Entretanto, a releitura da obra me fez vislumbrar que é essa a verdadeira inovação disruptiva: reinventar e ressignificar o dia a dia. Uma visão contemporânea.

Não é possível deixar de aludir que as mudanças não nascem do zero, originam-se de muitos estudos sobre gestão, currículo, aprendizagem, crianças e jovens, dentre outros tópicos que ampliam o olhar para o lugar da escola neste século e nas próximas décadas; da atualização tecnológica, da escuta atenta dos professores, alunos e família; da reflexão sobre a própria prática; da construção conjunta e claro, da ousadia de mudar e talvez errar.

É com um quê de entusiasmo que aguardamos a próxima jornada!

Maria da Graça Moreira da Silva
Docente do Programa de Pós-graduação em Educação: Currículo da PUC-SP

INTRODUÇÃO

É necessário inovar para educar. Frase de impacto, que abre algumas possibilidades de análise sobre o momento, o contexto da escola, seu papel na sociedade como agente civilizatório e a necessidade de encontrar novos caminhos para atender às demandas da contemporaneidade.

O cenário contemporâneo caracteriza-se por uma "sociedade em rede" (CASTELS, 2000; CASTELS; CARDOSO, 2006), cujas relações econômicas, políticas e sociais estão delineadas pelo processo de globalização do mercado mundial.

No âmbito educacional, veio à tona, a partir da última década do século XX e nas primeiras décadas do século XXI, um movimento de internacionalização em que diferentes agências de pesquisa – por exemplo, a Organização de Cooperação e Desenvolvimento Econômico (OECD) e a Organização das Nações Unidas para a Educação, a Ciência e a Cultura (Unesco) – passaram a gerar diretrizes para a formulação de políticas públicas em educação, inicialmente aos países europeus e, posteriormente, a países do Oriente e do Ocidente. Em 1996, a Comissão internacional sobre Educação para o Século XXI da Unesco, presidida por Jacques Delors, publica o relatório denominado "Educação: um tesouro a descobrir" (DELORS, 1996). Embora não tenha traçado estratégias de implementação, esse documento apresenta quatro pilares para a educação do futuro: aprender a aprender, aprender a viver junto, aprender a ser, aprender a fazer.

O Projeto de Definição das Competências-chave (DeSeCo *Definition and Selection of Competences*, 1997-2003), organizado pelos países da OECD, transforma-se em referência para avaliar resultados do Programa para Avaliação Internacional de Estudantes (*PISA - Programme for International Student Assessment*). Em documento denominado *"Projects on competencies in the OECD context: Analysis of theoretical and conceptual foundations (1999) Revised December 2001"*, justifica-se a necessidade de se reformular os sistemas educacionais a fim de trazer maior competitividade para um mundo interconectado: *"The complexity of the demands generated by an increasingly interdependent, changing and conflictual world places the objectives of education and the strategies to achieve education goals in center stage of the debate on broad educational reform"* (DESECO, 2001, p. 2).

Em 2006 é formalizada como Recomendação do Parlamento e Conselho da União Europeia a definição das chamadas "Competências-chave para a Aprendizagem ao Longo da Vida". São apresentadas oito competências-chave que passam a servir de marco de referência da educação europeia: comunicação em língua materna; comunicação em línguas estrangeiras; competência matemática e competências básicas em ciências e tecnologia; competência digital; aprender a aprender; competências sociais e cívicas; espírito de iniciativa e espírito empresarial; sensibilidade e expressão cultural.

Como alerta Chizzotti (2012), a noção de competência está na essência da formulação de políticas públicas da atualidade, configurando-se como uma ruptura epistemológica, uma episteme no sentido proposto por Foucault (1996), pois configura e suporta um discurso científico de uma época. O autor ressalta, ainda, que

> A ascensão e implantação do termo nas políticas curriculares adquiriram crescente visibilidade, conforme tendências internacionais confluentes e se consagraram como um novo paradigma na organização dos currículos de muitos países. (CHIZZOTTI, 2012, p. 434)

Embora se trate de um cenário global repleto de tensões, com imensos contrastes econômicos, distorções sociais e impacto ambiental, esse padrão curricular tem, como pano de fundo, o desenvolvimento econômico e a competitividade dos países, assim como a inserção das pessoas no mercado de trabalho, este em nova configuração, com consequências imprevisíveis, em um mundo conectado, de rápidas mudanças.

O Brasil, em termos de políticas públicas, segue a tendência internacional com a Base Nacional Comum Curricular (BNCC), homologada em dezembro de 2017 para a Educação Infantil e o Ensino Fundamental e, em dezembro de 2018, para o Ensino Médio. Há que se considerar, ainda, no contexto desse segmento, o chamado Novo Ensino

Médio, Lei 13.415 de 17 de fevereiro de 2017, que, embora careça de normatização e definições por parte dos Estados e Municípios, deve ser implantado nos próximos anos. Pretende trazer mais flexibilidade do currículo para que os jovens possam escolher seus itinerários formativos.

A BNCC deve subsidiar um currículo que contemple a cultura contemporânea. Esta, por sua vez, também se constitui de uma convergência de tecnologias que atribui mobilidade e conectividade que geram novos contextos, demandas, valores, competências e conhecimentos escolares. Ao conceito de cultura agrega-se o de cultura digital, com novos elementos, como constituições identitárias e sociais, linguagens, signos, valores, relações humanas, produção de conhecimento e participação social.

Esse contexto demanda uma Educação que se alinhe a essa nova cultura e, ao mesmo tempo, enfrente o grande desafio de ressignificar o conhecimento e, por consequência, o conhecimento escolar, aquele inerente ao trabalho educativo na escola. Fernando Almeida afirma: "É imenso o espectro das novas interpretações, imposições e superposições advindas da mídia, das políticas e dos movimentos econômicos que pressionam e obliteram a compreensão do que é conhecimento" (ALMEIDA, 2019, p. 27).

Críticos ao currículo por competência declaram que se coloca o conhecimento e os saberes próprios da escola em segundo plano e que as disciplinas podem ser enfraquecidas, deixando de ser elementos estruturantes do currículo. Importante e complexo é compreender o sentido desses saberes nas ações humanas e o quanto elas estão voltadas para a coesão social. Não se trata apenas de uma disciplina, mas de um grupo delas, organizado de diferentes formas, comprometendo-se com o desenvolvimento de determinadas competências, a partir de um conjunto de situações intencionalmente organizadas, favorecendo a mobilização de conhecimentos, atitudes e habilidades.

Na relação entre conhecimento e competências, Perrenoud afirma:

> É necessário também que se possa ensinar legitimamente alguns conhecimentos, habilidades e atitudes sem apresentá-los como recursos a serviço de competências identificáveis, os quais poderão ter funções de identidade, servir de base para aprendizagens posteriores ou fazer parte da cultura geral. (PERRENOUD, 2013, p. 76)

O conhecimento escolar, imprescindível para a formação de crianças e jovens, cidadãos, deve possibilitar que os mesmos possam ler e compreender o mundo à luz das diferentes ciências e ressignificar suas vidas:

> Não é um conhecimento abstrato, apenas lógico-formal nem um conhecimento genérico de tudo. Mas um conhecimento que afeta, que toca, que desloca pontos de vista individualistas para a dimensão social do saber e da participação cidadã. (ALMEIDA; SILVA, 2018, p. 606)

Michael Young (2016) traz contribuições para a reflexão sobre conhecimento escolar ao destacar a ideia de conhecimento poderoso. Esse conceito pressupõe que há diferentes tipos de conhecimento e que há um melhor conhecimento em todas as áreas: "Conhecimento poderoso é aquele que se inspira no trabalho de comunidades de especialistas, que denominamos de comunidades disciplinares, que são formas de organização social para a produção de novos conhecimentos" (YOUNG, 2016, p. 13). Esse autor faz distinção entre o conhecimento escolar e o conhecimento prévio do aluno, de seu cotidiano. Estes têm estruturas e finalidades diferentes e não são, necessariamente, bons ou ruins em si mesmos. O papel do professor é ampliar, por meio do currículo, a visão de mundo de seus alunos para além de suas próprias experiências. Quanto ao conhecimento poderoso, destaca:

> [...] Ele é poderoso porque permite que as crianças interpretem e controlem o mundo; é compartilhado porque todas as nossas crianças devem ser expostas a ele. É justo e equitativo que seja assim. Não é justo nem equitativo quando um conhecimento de baixa qualidade é oferecido às crianças, o que não as leva para além das próprias experiências. (YOUNG, 2016, p. 14)

Não se trata de oposição entre conhecimento e competência, colocando um em detrimento do outro. O caminho seria superar essa visão. Identificar e valorizar conhecimento escolar que, segundo Almeida e Silva (2018), é aquele que afeta, causa espanto filosófico e ético, permite diagnósticos e intervenções da realidade assim como a compreensão do mundo pela leitura e pela escrita. Ao mesmo tempo, considerando, ainda, a importância do desenvolvimento de competências num contexto de sociedade em rede, surgem as questões do como, ou seja, da metodologia para engajar, motivar, desafiar e comprometer crianças e jovens cidadãos com sua aprendizagem.

Mas como esse conhecimento escolar recontextualizado toca, afeta o aluno, cidadão de um mundo conectado de rápidas mudanças? Quais os caminhos para se estabelecer uma história de aprendizagens que seja dotada de sentido, não numa perspectiva utilitarista do conhecimento, para satisfazer desejos, mas pelas relações que se estabelecem com a própria vida, com a comunidade, com a humanidade? Como se delinear as experiências intencionalmente organizadas para que alunos e professores, os sujeitos do currículo, interajam para construir conhecimentos, valores, atitudes e competências?

Sob a perspectiva de permanência e mudanças, cabe olhar quem são essas crianças e jovens que, se estiverem na idade certa de escolarização da educação básica, em sua imensa maioria, nasceram no século XXI. Aprendem, conhecem, interagem com o mundo, imersos num contexto tecnológico que traz grandes possibilidades e, também, grandes desafios.

As Tecnologias Digitais da Informação e da Comunicação (TDIC) trouxeram novas possibilidades para a relação de ensino e aprendizagem, permitindo a autoria, o compartilhamento, a personalização, o design de novos ambientes de aprendizagem, novas formas de interação e de construção de conhecimento. Entretanto, trouxe, também, desigualdades entre os que já a dominam e aqueles que não possuem acesso ou inserção às produções culturais contemporâneas marcadas pela digitalidade. Essas desigualdades provocam, de forma mais contundente, as diferenças sociais e de oportunidades educacionais.

Um grande desafio do gestor escolar é diferenciar "novidade" de "inovação" e fomentar, dentro da instituição, esse movimento contínuo de metamorfose que busque soluções e caminhos criativos para viver a educação na contemporaneidade. Esse processo de metamorfose passa, essencialmente, pelo desenvolvimento profissional de educadores que, numa postura reflexiva e crítica sobre o currículo e seus objetivos, sejam motivados a ousar e inovar.

A sala de aula, entendida aqui no sentido mais amplo, é um espaço pedagógico de transformação de pessoas, sejam elas professores ou alunos.

Deve conectar-se a seu tempo e estar a serviço da formação de cidadãos plenos, comprometidos com uma sociedade mais justa e democrática e, ainda, contemplar novas relações em que se interage, se conhece, se aprende de diversas formas e dá voz e autoria para as pessoas.

Por outro lado, embora o discurso inovador exaltando a formação de cidadãos no e para o século XXI esteja presente na maioria dos Projetos Políticos Pedagógicos, as práticas, as experiências escolares, o currículo, em sua maioria, refletem o modelo da escola do século XIX, com mais ou menos tecnologias à disposição do trabalho pedagógico. Recursos tecnológicos servem, muitas vezes, de, como alcunhado por esta pesquisadora, "vitrines de modernidade" das instituições e sua aplicação, muitas vezes empobrecida, se dá sob paradigmas tradicionais de ensino. Novas tecnologias, velhas práticas.

Por paradigmas tradicionais de ensino e aprendizagem entende-se aquele em que predomina um currículo estruturado por disciplinas ou componentes curriculares; um espaço físico em que alunos são com frequência perfilados, todos olhando para o professor. Este, por sua vez, é visto como centro do processo de ensino e aprendizagem, entendendo um aluno como receptor, mais do que construtor de conhecimento. Com maior ou menor grau de adesão a esse modelo mental, as escolas e os currículos perpetuam um modelo de educação que hoje não responde às demandas da contemporaneidade.

Buscando identificar elementos invariantes da estrutura escolar, aqueles que são definidores do que seja a escola moderna ou hegemônica, Barrera (2016) destaca:

> Em resumo, são muitos os olhares para a escola, partindo de diferentes conceitos, mas é comum a diversos autores mencionar como elementos invariantes, mais relevantes ou constitutivos da escola moderna essas três dimensões: *o tempo* (fragmentado em torno da aula de 50 minutos), *o espaço* (fragmentado com base nas salas de aula) e *as relações pedagógicas* (fragmentação do saber, classificação, programas e controle). Para alguns autores, esta última aparece desmembrada em *relação de poder e relações com o saber*. (BARRERA, 2016, p.36)

Por invariantes a autora se refere "aos modos comumente empregados, aos 'padrões' adotados em larga escala pelas escolas da atualidade" (BARRERA, 2016, p.36). Destaca que os mesmos são construções sociais. Sua pesquisa e análise explorou a realização ou promoção de mudanças no atual modelo da escola não a partir de unidades escolares, e sim de redes de organizações brasileiras constituídas para esse fim. Propõe um quadro síntese, que procura estabelecer uma comparação entre o modelo tradicional e o não tradicional, no que diz respeito aos invariantes levantados, acrescentando, ainda, a organização escolar enquanto categoria.

Quadro 1 – Categorias no modelo tradicional e não tradicional

Categoria	Escola tradicional	Escola não tradicional
Organização escolar	Unidade	Rede/Comunidade
Tempo	Grade horária, calendário escolar, seriação, idade biológica, horário rígido, fragmentado e predefinido.	Ritmo do aluno, horário flexível e adaptável, grandes ciclos ou períodos de formação, tempo livre.
Espaço	Sala de aula, corredores, edifício próprio, carteiras individuais enfileiradas, lousa, cadernos, livros e apostilas.	Ambientes diversos, flexíveis e abertos. Possibilidade de transitar entre os espaços. Maior integração com a natureza. Maior integração com o território. Mobília adaptável, de uso coletivo, estimulando agrupamentos. Objetos tecnológicos. Integração com espaços virtuais.

Saber	Sequencial, do mais simples ao mais complexo, professor detém o conteúdo e o julgamento sobre a apropriação que os alunos fazem daquele, por meio de provas com notas, que determinam a possibilidade de o aluno seguir para o próximo período. Retenção, recuperação e reforço. Currículo predefinido, com objetivos aula a aula. Transmissão oral pelo professor com suporte escrito. Exercícios, lição de casa. Saberes formais explicitados.	Currículo flexível ou modular, trajetória de aprendizagem do aluno, avaliação formativa, autoavaliação ou avaliação mediante solicitação do aluno (quando se sente preparado), professor ou computador registra os conteúdos que os alunos aprenderam e relaciona com os parâmetros curriculares. Uso de dispositivos para registros individuais ou coletivos. Roteiros de estudo. Grupos de estudo. Vivências. Projetos. Pesquisas. Conteúdos da internet. Conteúdos da comunidade. Saber formal, informal, popular e tradicional. Conteúdos não são previamente definidos ou explicitados aos alunos. Saber prático. Pessoas da comunidade e colegas são fontes de saber. De acordo com o interesse do aluno. Competências socioemocionais.
Poder	Burocrático, autoritário (baseado em autoridade, diferente de autoritarismo), mecanismos de premiação e punição definidos	Assembleia, colegiados, acordos coletivos, regras coletivamente construídas e frequentemente atualizadas, castigos não previamente definidos.

Fonte: Adaptado de Barrera (2016, p. 136)

Essa organização proposta pela autora pressupõe que não se trata de agrupamentos homogêneos de escola e que muitas se percebem em diferentes estágios de desenvolvimento em cada uma das categorias. As dinâmicas das instituições são peculiares e seu processo de mudança, entre tradicionais e não tradicionais, se estabelece de maneira gradual e de múltiplas maneiras.

> É interessante observar que não apenas se rompe com invariantes, mas também com um único padrão. Não há substituição de um modelo por outro, mas a contraposição a um modelo por variados instrumentos e práticas. (BARRERA, 2016, p.137)

Por "vitrines de modernidade" entende-se a incorporação de recursos diversos ao trabalho pedagógico, em geral de tecnologias e de infraestrutura, com dispêndio financeiro significativo, mas com pouco espaço de inovação na sala de aula: seja porque as tecnologias digitais de informação e comunicação são utilizadas com paradigmas mais "tradicionais" de ensino e aprendizagem, seja porque essas iniciativas se encontram, dentro do currículo, em atividades projetuais no contraturno, em geral, optativas, significando um apêndice às aulas do período regular e, desta forma, tendo um papel secundário no currículo como um todo. Nessa linha, a incorporação de recursos como criação de "espaços *maker*"[1], uso de tablets, computadores, ou dispositivos móveis, dentre outros que não estejam associados a formas de ensinar e aprender diferenciadas, reproduz modelos de ensino tradicionais, com recursos de tecnologia que podem ser considerados "vitrines de modernidade". Por exemplo, é comum o uso de tablets como suporte de conteúdos educacionais em substituição de livros didáticos, armazenamento de materiais digitais, mas o que agrega de inovação ao trabalho pedagógico é relativamente pouco.

Entender a aprendizagem como um processo ativo, de construção de conhecimento por parte do aluno que aprende com o professor, com seus pares e com o ambiente, não significa abrir mão da responsabilidade,

---

[1] Por "espaços maker" entende-se aqueles destinados à produção criativa, construção de modelos, representações e experimentos, a partir de diversas tecnologias digitais e físicas, com o uso de ferramentas e materiais, que permitem a exploração de ideias, o aprendizado de habilidades técnicas e a criação de novos produtos. Utiliza, também, a fabricação digital.

da autoridade pedagógica do professor. Esta deve pressupor o uso de metodologias que venham ao encontro desses alunos. Segundo Morán (2017, p. 4), "Metodologias são grandes diretrizes que orientam o processo de ensino e aprendizagem e que se concretizam em estratégias, abordagens e técnicas concretas, específicas e diferenciadas". Ainda com Morán (2017, p. 4), "Metodologias ativas são estratégias de ensino centradas na participação efetiva dos estudantes na construção do processo de aprendizagem, de forma flexível, interligada e híbrida". Deve favorecer o envolvimento desse aluno de maneira a propiciar a reflexão.

O termo híbrido caracteriza flexibilidade de recursos, diferentes organizações de tempos e espaços que favoreçam a aprendizagem. "Híbrido, hoje, tem uma mediação tecnológica forte: físico-digital, móvel, ubíquo, realidade física e aumentada, que trazem inúmeras possibilidades de combinações, arranjos, itinerários, atividades" (MORÁN, 2017, p.30).

No âmbito da escola, romper, portanto, com as referências curriculares instauradas, impregnadas, é um movimento complexo que envolve pessoas, crenças, valores, enfim, a cultura da instituição. E não se faz por decreto. Exige capacidade de separar novidade de inovação, compreensão da cultura organizacional da escola, intencionalidade de gestão, desenho de processos e, essencialmente, desenvolvimento de pessoas. O temo novidade refere-se à ideia de modismos, uma visão rasa da realidade, traduzida, em alguns casos, em aplicação de recursos muitas vezes vultosos que não impactam mudanças efetivas das práticas pedagógicas.

A pesquisa em questão parte desse cenário e analisa o processo de inovação curricular vivido por uma instituição com mais de 70 anos de história, com reputação consolidada sobre um modelo de educação tradicional e com reconhecido legado de formação de cidadãos com projeção pessoal e profissional nas mais diversas áreas.

No capítulo 1, denominado "Trajetória pessoal e profissional", resgata-se a experiência da pesquisadora nesses dois aspectos, entende-os como constitutivos de suas inquietações e perguntas que fundamentam a pesquisa. O resgate de sua formação inicial e de como foi se configurando seu desenvolvimento ao longo dos anos como indivíduo, como cidadã e como educadora, a partir de diversas experiências, nacionais e internacionais, alimenta a reflexão acadêmica que se propõe a realizar.

No capítulo 2, com o título "Pesquisa", discorre-se sobre o contexto investigativo, as questões-problema e o recorte metodológico para realizar o estudo.

O capítulo 3, denominado "Referencial teórico", procura explicitar conceitos que embasam a análise proposta. O primeiro deles é o de gestão escolar, colocada a serviço da natureza da escola, suas especificidades e sua finalidade, alinhada, em última instância, com a relação de ensino e aprendizagem envolvendo crianças e jovens e o conhecimento escolar. Passa, essencialmente, pelo desenvolvimento de pessoas. O segundo conceito é de currículo, suas múltiplas dimensões, sua abrangência, sua intencionalidade, sistematização e dimensão projetiva. Inovação curricular é trazida, como terceiro conceito, a partir da origem etimológica da palavra inovação, sua aplicação em diferentes áreas do conhecimento e, finalmente, no contexto educacional, com diferentes compreensões e concepções. Destaca-se a dimensão da subjetividade que envolve os processos de inovação e de mudança. Nesse sentido, justifica-se o quarto elemento: o conceito de cultura organizacional e seus diferentes níveis e modalidades.

O capítulo 4, denominado "Lócus da pesquisa", procura resgatar a natureza e a identidade da instituição sobre a qual se realiza este estudo. Suas origens, sua razão de ser, assim como sua estrutura organizacional, por meio da qual opera. O fato de ser mantida por uma Fundação e realizar sua proposta de formação no modelo de educação privada traz desafios e possibilidades específicos e provavelmente diferentes da educação pública, no que se refere à inovação curricular.

O capítulo 5, "O currículo em movimento: a metamorfose da escola", define o recorte histórico da pesquisa (2017 a 2019) e as diversas iniciativas implementadas no período com vistas à inovação curricular. A estrutura criada com vistas a esse desenvolvimento, trazendo professores para ajudar a pensar e implementar as mudanças, assim como a participação dos alunos nessa concepção, são também apresentados neste capítulo. São abordadas as "janelas de oportunidades" pedagógicas que possibilitaram a organização dos alunos em diferentes agrupamentos numa mesma série, a implantação de módulos interdisciplinares do 6º ao 9º ano do Ensino Fundamental. São apresentados, ainda: a criação de novos componentes curriculares, a ressignificação da sala de aula, módulos pré-universitários e estudos internacionais para o Ensino Médio. A esse cenário agrega-se, também, a implantação da Base Nacional Comum Curricular (BNCC) da Educação Infantil e Ensino Fundamental.

No capítulo 6, denominado, "Reorganização dos tempos do ano letivo e da avaliação", procura-se apresentar a forma como a escola organizou o ano letivo de maneira diferente daquela comumente realizada nas escolas brasileiras. Superando a divisão entre bimestre ou trimestre, surge a ideia de ciclos, sendo três deles de tamanho e natureza pedagógicas iguais e um quarto ciclo, denominado de Síntese. Apresenta, ainda, a estrutura avaliativa alinhada a esta organização e, com vistas ao aprimoramento da aprendizagem, apresenta o novo processo de recuperação e proposta de personalização do trabalho, prevendo a oportunidade de os alunos escolherem parte das atividades a serem realizadas.

No capítulo 7, denominado "Análise sobre invariantes e sistema de avaliação", procura-se relacionar as experiências descritas com o referencial teórico proposto, explicitando em que os elementos invariantes, Tempo, Espaço e Relação com Saber, segundo Barrera (2016), a escola avançou na direção do que são chamadas "escolas não tradicionais".

No capítulo 8, denominado "Gestão escolar e inovação curricular", propõe-se a análise sobre a gestão escolar e seu papel para fomentar a inovação curricular. Na discussão sobre gestão e relações de poder, embora não seja foco da pesquisa, retoma-se a categoria Relações de Poder apresentada por Barrera (2016) para se refletir sobre o processo decisório que envolve a gestão. Na sequência, analisa-se a gestão e sua atuação nas fases e características das mudanças, propostas por Fullan (2016). Explorando elementos de subjetividade que envolvem a inovação curricular, explora-se a gestão sob a perspectiva da cultura organizacional e da motivação, a partir do referencial teórico de Bowditch, Buono e Stewart (2008) e de Amabile (1988). Outras dimensões analisadas: questão da gestão e o desenvolvimento das pessoas, da infraestrutura e da manutenção de propósitos traduzida por demandas.

As Considerações Finais trazem a análise se e como os objetivos da pesquisa foram atingidos. Trazem, também, reflexões sobre o processo de pesquisa e os aprendizados para a pesquisadora/gestora. Procura-se explicitar novas investigações que possam ser propostas a partir do que foi realizado. Pretende ainda, considerando o caráter de incompletude, propor caminhos que contribuam com outros gestores escolares que acreditam na metamorfose de suas instituições e na inovação como atitude.

CAPÍTULO 1
TRAJETÓRIA PESSOAL E PROFISSIONAL

A trajetória pessoal e profissional percorrida até aqui me constitui e me representa em ideias, inquietações, valores, sonhos, desafios e escolhas. Justifica-se, portanto, o compartilhamento de parte dessa minha história na medida em que dá sentido à sistematização acadêmica que neste documento se pretende apresentar.

O início é a graduação em Pedagogia, no início dos anos 1980, cursada por três anos na Universidade de São Paulo, situada na minha cidade natal, e concluída na Fundação Universidade do Rio Grande do Norte, atual Universidade Estadual do Rio Grande do Norte, em Mossoró. Nesse ciclo, cabe destacar a participação no Projeto Rondon, em Marabá, PA, em 1984, como a primeira experiência pessoal com os imensos contrastes da realidade e da educação brasileiras. Ali, ainda estudante, pude, durante um mês, contribuir com professores leigos no planejamento das atividades pedagógicas cotidianas da escola.

Viver sete anos em Mossoró, atuando no ensino público e privado, alimentou a certeza de que, de alguma forma, seria possível contribuir para uma educação de qualidade, para todos. Por meio de concursos públicos atuei no Ensino Superior, dando aulas nos cursos de Pedagogia e de Licenciaturas e, como membro da equipe técnica do Núcleo Regional de Educação, fui responsável pela implementação do setor de Orientação Educacional no município. Ainda dentro da esfera pública, trabalhei no Núcleo de Supervisão de Educação Inclusiva. Como professora de educação básica, iniciei no Ensino Médio de uma escola privada, o que me trouxe outra perspectiva do educar. Esse período traduziu-se numa experiência intensa, abrangente e muito significativa no sentido de, desde o início, frente aos desafios e aos impasses, mobilizar minhas ideias e ações para as possibilidades e não permanecer nas limitações encontradas. Acredito que essa característica pessoal foi uma das que me trouxe à gestão.

Já em São Paulo, em 1993, retomei minha carreira profissional, em sala de aula, como professora auxiliar de Educação Infantil, no Colégio Rio Branco, da Fundação de Rotarianos de São Paulo, escola da qual fui aluna. Nesse período, ao tomar contato com a linguagem Logo, desenvolvida por Seymour Papert, vislumbrei o potencial pedagógico dessa ferramenta, fui absorvida pela ideia de entendê-la melhor e, nessa busca, deparei-me com o Projeto Horizonte, da IBM. Tratava-se de uma proposta inovadora à época, de implementação da cultura do uso de tecnologia em sala de aula e que, para isso, pressupunha o desenvolvimento profissional de educadores. Como parte da equipe pedagógica, passei a atuar, por cerca de dois anos, na formação de professores e equipes técnicas de diferentes tipos de instituições, públicas e privadas, vivendo os desafios de apresentar aos educadores o universo das novas tecnologias e de construir, com eles, caminhos para aprimorar as práticas pedagógicas à luz desses novos recursos. Destaca-se, nesse momento, a experiência de se fazer parte de processos de mudança como alguém externo às instituições ou às redes públicas de ensino. Diferentes culturas organizacionais, reações e motivações diversas de pessoas que passaram pela proposta de desenvolvimento profissional; formas específicas de implantação, enfim, um riquíssimo universo de aprendizagem e crescimento. Soma-se, a tudo isso, o aprendizado de que o uso de tecnologia aplicada à educação se consolida pela apropriação da mesma pela cultura organizacional por parte de cada instituição.

Em 1995, deixando o Projeto Horizonte da IBM, retomei as atividades profissionais no Colégio Rio Branco, na área da chamada Informática Educativa, sendo responsável por estabelecer uma ponte entre a empresa que atuava na instituição como prestadora de serviços da área e os professores. Nesse mesmo ano, iniciei o curso de Especialização em Tecnologias Interativas Aplicadas à Educação da PUC-SP, buscando me aprofundar nas teorias e reflexões que envolviam esse novo momento.

Em 1997, pondo fim à terceirização, foi implantada a proposta de tecnologia própria no Colégio Rio Branco, a partir de sua identidade e seus propósitos. A terceirização sobrevivia da não apropriação, por parte da escola, da cultura de tecnologia e, com esse novo modelo, pretendia-se trazer para dentro da instituição essa responsabilidade, esse compromisso. Esse processo envolveu desde aquisição de equipamentos, infraestrutura, desenvolvimento profissional, política de incentivo à aquisição de computadores para professores, formação de equipes de informática, escolha de softwares, chamados de ferramentas abertas, e a proposta de utilização dos recursos tecnológicos, vinculados com projetos de diferentes disciplinas. Buscava-se que a equipe de Informática Educativa da escola, juntamente com um consistente processo de formação continuada, irradiasse, entre os docentes, a motivação para usar a tecnologia como recurso para implementar novas práticas em sala de aula.

As experiências acima relatadas representam, de certa forma, as primeiras experiências relativas à gestão, à busca de caminhos para implementar mudanças, à ideia de processo, de desenvolvimento profissional e suporte às pessoas para que se pudesse construir e implementar novas ideias. Inovar.

A partir desse ponto, passaram-se mais de 20 anos de vivências profissionais e pessoais da pesquisadora na instituição, assumindo diferentes funções e responsabilidades: de professora e Coordenadora de Informática, Coordenadora Pedagógica, Diretora de Ensino Fundamental II e Médio, Diretora de Unidade e, atualmente, Diretora Geral, responsável pelas duas unidades do Colégio Rio Branco (Higienópolis, na cidade de São Paulo, e Granja Vianna, na cidade de Cotia).

Essa trajetória profissional vem se construindo com muito apoio da Fundação de Rotarianos de São Paulo (FRSP), mantenedora do Colégio, no que se refere ao desenvolvimento profissional e pessoal da gestora, assim como dos membros das demais equipes. Têm feito parte dessa história diversas experiências internacionais, desde os chamados Mergulhos Tecnológicos no Vale do Silício, proposto pela Escola do Futuro da USP, em 1997 e 2000, à participação na BETT, uma das maiores feiras de TIC do mundo, em Londres, em 2006, ou a viagem ao Vale do Silício, em 2018, com parceiros da empresa Nuvem Mestra que atuam na instituição ou *Learning & Brain Conference,* em 2011, em Boston. Foram feitas, ainda, visitas a diversos países, e o contato com seus respectivos sistemas educacionais, suas escolas e universidades, permitiu ampliar a visão e, ao mesmo tempo, trazer inspiração para o aprimoramento do trabalho, a partir da realidade brasileira, seu sistema educacional e da escola. Nesse sentido, foram visitados os seguintes países: Suécia, Escócia, Irlanda, Itália com foco na experiência de Reggio Emilia, Estados Unidos, China (Pequim, Xangai, Hong Kong).

Na Finlândia, em mais de uma oportunidade, foi possível conhecer, além das escolas, programas de formação e desenvolvimento profissional docente, como da Universidade de Helsinki, *Palmenia Center, Media Center, Luma Center* e *Teacher Development Schools*, assim como o Cicero, programa de neurociência da Universidade de Helsinki. A valorização social e profissional do professor se manifesta numa aspiração dos jovens pela carreira docente. Uma formação inicial primorosa, com duração de 5 anos e exigência de mestrado, intercalando ciclos na universidade e ciclos de experiências em escolas, faz com que o repertório dos professores para atuar em sala seja amplo, cultural e tecnicamente falando.

O contato com diferentes sistemas educacionais trouxe, também, novas surpresas e reflexões. A valorização da diversidade foi experimentada na Suécia, local que, em 1997, oferecia aos alunos imigrantes a possibilidade de manter sua língua materna nas escolas, desde que fosse uma língua viva no país. As crianças aprenderiam o Sueco também, mas eram oferecidas 26 línguas diferentes aos alunos. Os professores desses diversos idiomas eram aqueles com formação em educação dentre os próprios imigrantes. Numa sala de aula eram encontrados, já naquela época, crianças de diversas nacionalidades.

A experiência em Reggio Emília trouxe o sentimento de responsabilidade de toda comunidade sobre a educação pública. Uma rede de relações se formou em torno da educação infantil da cidade: um exemplo é a Remida, criada em 1996, que desenvolve o que eles chamam de reciclagem criativa, aproveitando o descarte de materiais e produtos imperfeitos para serem ressignificados e transformados em material pedagógico nas escolas e creches da região.

Na perspectiva acadêmica, desde 2009, tem sido feito investimento em diversos cursos na *Harvard Graduate School of Education*. Nessas oportunidades, foram tratados temas como: Aprimoramento da Qualidade em Educação; Mente, Cérebro e Educação; O Futuro da Aprendizagem, sob a perspectiva da revolução digital, neurociência aplicada à educação e globalização; Liderança sob diferentes perspectivas; Ambientes de Aprendizagem do Amanhã (juntamente com a *Harvard School of Design*); Repensando o Ensino Médio. Na modalidade a distância houve a participação em dois programas, também de Harvard: *Leading for Understanding* e *Making Thinking Visible*.

As experiências em Harvard trouxeram convívio com pessoas de inúmeras nacionalidades, com diferentes papéis na educação pública e privada e constatação de diversas semelhanças nos desafios. Os cursos realizados têm uma metodologia que permite grande interação entre os participantes. Uma pequena parte dos programas envolve conferências e uma grande parte envolve grupos de trabalho e minicursos. Quando se faz parte de um grupo dessa natureza, tão diverso, percebe-se a força da palavra contexto e a relação da escola com cultura. Um exemplo dessa diversidade é, no curso sobre liderança, uma diretora da Cisjordânia. Ela trabalhava numa vila denominada Marah Rabah, a 12 km de Belém, e um dos seus grandes desafios era que as meninas de 11, 12, 13 anos não abandonassem a escola para se casar. O grupo de trabalho constituído era composto de pessoas oriundas dos seguintes países: Brasil, Estados Unidos (vários estados), Cisjordânia, Paquistão, Austrália. Essas pessoas atuavam nas esferas pública e privada da educação, como diretores, superintendentes (com foco em educação), coordenadores.

Dentre tanto aprendizado nos mais de dez anos participando dos programas de desenvolvimento profissional da *Harvard Graduate School of Education*, destaca-se a valorização do uso de protocolos e estratégias para produzir reflexões consistentes objetivas e, ao mesmo tempo, que gerassem ações possíveis de serem implementadas nos diferentes contextos dos participantes. Metodologias diversas foram vividas e aprendidas nessas oportunidades.

Outra dimensão dessas experiências é sob que lentes se está discutindo ou apresentando determinado tema, por exemplo, Globalização. O que significa globalização para países desenvolvidos e para países em desenvolvimento, qual a ótica, a lógica?

A discussão sobre ambientes de aprendizagem colocou em pauta a importância de reunir educadores e arquitetos para pensar o espaço da escola e, mais do que tudo, como engajar as pessoas que utilizam esse espaço no seu dia a dia. Aqui, o espaço físico é pensado em duas dimensões: o que é possível realizar em prédios já construídos e conceber novos projetos e projetos já construídos considerando novas relações de aprendizagem, colaboração, sustentabilidade das instalações. Ao mesmo tempo que novos espaços favorecem novas relações e comportamentos, há que se identificar sua função de acolher e favorecer o desenvolvimento do projeto pedagógico.

No âmbito da pesquisa em educação, há quatro anos, o Colégio Rio Branco integra a rede *Research Schools International*, que procura promover inovações baseadas em pesquisa que apoiem o bem-estar e a aprendizagem dos alunos. É uma iniciativa promovida por pesquisadores de Harvard e escolas parceiras, em que são promovidos simpósios bianuais para compartilhamento de práticas e desenvolvimento de novos projetos. Destaca-se a participação em três eventos: em 2015, *Research Schools International Symposium*, em *Wellington College*, no Reino Unido; em 2017, na *Harvard Graduate School of Education*, em Cambridge, Massachusetts; e, em 2019, em *Eton College*, Windsor, Reino Unido.

Como parte do grupo *Research Schools International* a instituição se mantém em contato com a investigação sobre a realidade escolar de maneira mais estruturada. Exemplo dessa experiência foi a discussão sobre impactos na aprendizagem de Matemática, considerando a abordagem pedagógica centrada no professor e a abordagem pedagógica centrada no aluno, com base em dados coletados da sala de aula.

A inquietação, a busca por aprimoramento constante para ser uma melhor gestora e a necessidade de desenvolver processos que impactem a aprendizagem do aluno e do professor são as razões que motivaram a pesquisadora à sistematização acadêmica de sua experiência, assim como das reflexões sobre a prática da gestão com vistas à inovação curricular. Surge, como caminho, o Programa de Mestrado em Educação, na área de Currículo com ênfase nas Novas Tecnologias em Educação. A partir dele constitui-se a pesquisa que ora se apresenta.

CAPÍTULO 2
A PESQUISA

Pesquisar pressupõe fazer escolhas. Escolhas que possam ser analisadas com o devido rigor e que possam, de alguma forma, colaborar com a ampliação dos conhecimentos envolvidos.

Busca contribuir com gestores escolares, apresentando elementos para a compreensão do que seja inovação, inovatividade e novidade e, com isso, possibilitar que possam fomentar, no âmbito da escola, inovação como atitude, como postura frente aos desafios, oportunidades e inquietações presentes no desenvolvimento do currículo. Entende-se que a análise da gestão possa colaborar com os diferentes sujeitos que têm papel de gestão nas escolas, públicas e privadas, atuando em diferentes segmentos da educação básica.

O lócus de análise se dá no processo de inovação curricular pelo qual passa uma instituição de mais de 70 anos de existência, com o recorte histórico de 2017 a 2019.

2.1. Questão problema da pesquisa

Entendendo o currículo como um ecossistema, composto por um conjunto de variáveis interdependentes, a experiência de alunos e professores dessa instituição foi alterada, no seu tempo, no espaço, nas relações com o saber, nas práticas pedagógicas e na avaliação da aprendizagem. Isso parece, a princípio, algo disruptivo, de grande ousadia e risco, cujas consequências podem ser imprevisíveis. Entretanto, um olhar mais apurado sobre o processo de inovação pelo qual vem passando a instituição permite que se levantem novas hipóteses sobre o caminho que culminou nas mudanças hoje vivenciadas.

A questão problema da pesquisa é: quais os elementos fundamentais da gestão escolar para a implantação de inovações curriculares no interior de uma escola com mais de 70 anos de funcionamento?

Cabe destacar que as inovações curriculares não estão sendo implementadas numa instituição criada a partir do zero, onde se pode conceber o projeto pedagógico, as instalações físicas e, principalmente, reunir pessoas, cuidadosamente escolhidas, para construir e constituir o novo projeto. Trata-se de um processo no qual o que existe é fruto de um legado, constitui-se numa cultura institucional e traz a consistência e a resistência oriundas dessa experiência, construída ao longo dos anos. Traz dilemas, paradoxos, inquietações e oportunidades. A tradição reconhecida da instituição pode ser analisada sob diferentes dimensões: ao mesmo tempo que estabelece seu reconhecimento, com reputação de qualidade, com formação de valores, traz, por outro lado, a possibilidade de ser entendida como pouco inovadora, com propostas arraigadas no modelo de educação que a projetou, sem acompanhar o novo contexto, num tempo de conectividade e de rápidas mudanças, cujos alunos e a sociedade não são os mesmos. Tradição, portanto, pode ser uma força, se entendida como experiência e legado, mas pode ser entendida como fraqueza, no sentido de não atualização, de envelhecimento.

A pesquisa proposta envolve duas dimensões: a primeira é o fato de a pesquisadora ter papel de gestão na instituição analisada e sua trajetória pessoal e profissional, anteriormente relatada, estar fundamentada na visão de que a escola deva estar constantemente em movimento, a fim de se alinhar a seu tempo; a segunda diz respeito à construção de um currículo que contemple metodologias ativas, que busquem maior engajamento dos docentes e alunos e o comprometimento de todos com o processo de ensino e aprendizagem.

2.2. Objetivos

2.2.1. Objetivo geral

Nessa perspectiva, a pesquisa objetiva analisar, sob a ótica da gestão escolar, o processo de implantação de inovações curriculares, ocorridas no período de 2017 a 2019, numa escola privada, com mais de 70 anos de existência.

2.2.2. Objetivos específicos

- Descrever os elementos do currículo que passaram por mudança na instituição, no período de 2017 a 2019;
- Analisar as inovações curriculares quanto aos invariantes tempo, espaço e relação com saber;
- Identificar os elementos da gestão escolar que fomentam a inovação curricular.

2.3. Metodologia

A abordagem metodológica é a de pesquisa qualitativa, a qual pressupõe as especificidades das ciências humanas, apreende e legitima conhecimentos de maneira diferenciada das ciências da natureza. Nas palavras de Chizzotti (2000),

> A abordagem qualitativa parte do fundamento de que há uma relação dinâmica entre o mundo real e o sujeito, uma interdependência viva entre o sujeito e o objeto, um vínculo indissociável entre o mundo objetivo e a subjetividade do sujeito. O conhecimento não se reduz a um rol de dados isolados, conectados por uma teoria explicativa; o sujeito-observador é parte integrante do processo de conhecimento e interpreta os fenômenos, atribuindo-lhes um significado. O objeto não é um dado inerte e neutro; está possuído de significados e relações que sujeitos concretos criam em suas ações. (CHIZZOTTI, 2000, p. 79)

O desafio e a natureza da proposta se dão pelo fato de, como mencionado, a pesquisadora ocupar cargo de gestão na instituição analisada, tendo, portanto, participação ativa nas decisões e nos projetos em andamento, além de o processo de inovação curricular da instituição a constituir e a fortalecer como gestora. Nesse sentido, a investigação narrativa, com base em sua experiência, poderia trazer elementos de análise.

Em se tratando da singularidade da pesquisa e do papel do pesquisador no que se refere à autonomia, Barbier (2002) afirma:

> O pesquisador em pesquisa-ação não é nem um agente de uma instituição, nem um ator de uma organização, nem um indivíduo sem atribuição social; ao contrário, ele aceita eventualmente esses diferentes papéis em certos momentos de sua ação e de sua reflexão. Ele é antes de tudo um sujeito autônomo e, mais ainda, um autor de sua prática e de seu discurso. (BARBIER, 2002, p. 19)

Na perspectiva de se relacionar teoria e prática, de se buscar compreender a própria prática no interior da escola e, a partir daí gerar novos conhecimentos e novas práticas, se estabelece a modalidade pesquisa-ação. Traduz-se, portanto, numa opção consciente na busca de se pesquisar o papel da gestão para criar condições que fomentem inovações curriculares, a partir da ótica da pesquisadora/gestora:

> A pesquisa-ação se propõe a uma ação deliberada, visando uma mudança no mundo real, comprometida com um campo restrito, englobado em um projeto mais geral e submetendo-se a uma disciplina para alcançar os efeitos do conhecimento. (CHIZZOTTI, 2000, p.100)

Portanto, pretende-se analisar o processo de inovação curricular da instituição, procurando destacar elementos concretos de mudança, definidos ao longo do período de 2017 a 2019 no formato de pesquisa-ação. Ao mesmo tempo, pretende-se destacar, no formato de narrativa, a visão do gestor nesse processo, identificando os elementos essenciais que definiram as mudanças, assim como procurando depreender novos caminhos de evolução.

Os instrumentos de levantamento de dados de pesquisa são:

- Análise documental dos registros institucionais feitos em diferentes mídias do percurso percorrido;
- Narrativas da gestora-pesquisadora.

A trajetória da pesquisa centrou-se na narrativa, alternando entre a busca de informações em documentos, registros da pesquisadora, construção do quadro teórico e a tessitura entre eles.

> Como os pesquisadores qualitativos não partem de hipóteses previamente estabelecidas, não se preocupam em obterem dados ou evidências que corroborem ou neguem tais suposições. Partem

de questões ou focos de interesses amplos, que vão se tornando mais diretos e específicos no transcorrer da investigação. As abstrações são construídas a partir dos dados, num processo de baixo para cima. (CÂMARA, 2013, p. 190)

Documentos analisados:

- Projeto Político Pedagógico da Fundação de Rotarianos de São Paulo;
- Plano Escolar, 2019, do Colégio Rio Branco, Unidade Granja Vianna;
- Arquivo digital, denominado "Inovação Curricular 2019 - Apresentação Mestre" de autoria do Grupo de Trabalho (GT), responsável pela Inovação Curricular, no formato de apresentações;
- Arquivo digital, denominado COLABORADORES - Inovação curricular e sistema de avaliação 2019, de autoria do Grupo de Trabalho (GT), responsável pela Inovação Curricular, no formato de apresentações;
- Arquivo digital, RIOBRANQUINO 2019, utilizado para a reunião de abertura do Encontro Riobranquino de 2019, no formato de apresentações;
- Arquivo digital, denominado PAIS - EI e EF1 - Inovação curricular e sistema de avaliação 2019, no formato de apresentações;
- Registros de imagem dos componentes curriculares Cotidiano em Questão, o *CoQuest,* e Jovem em Perspectiva;
- Site do Colégio Rio Branco e da Fundação de Rotarianos de São Paulo[2].

2.4. Análise dos dados

A análise dos documentos foi focada não nos documentos em si, na interpretação ou compreensão da totalidade de um conjunto documental, mas no apoio à narrativa que se desenvolve buscando apreender o fenômeno em tela, ora complementando, ora evidenciando o contexto. Como pontua Gaskell (2002, p. 65) característico da

---

2 Disponível em: www.crb.g12.br e www.frsp.org. Acesso em: 16 jun. 2019.

pesquisa qualitativa, esses documentos fornecem "os dados básicos para o desenvolvimento e a compreensão das relações entre os atores sociais e sua situação", entretanto permanecendo o compromisso de imprimir nitidez ao quadro teórico e à postura metodológica.

CAPÍTULO 3
REFERENCIAL TEÓRICO

A realização da pesquisa passa pela explicitação de conceitos que permeiam esta análise. Os mais relevantes, nesse sentido, são: gestão escolar, currículo, inovação curricular e cultura organizacional.

3.1. Gestão escolar

Considerando-se a natureza da instituição escolar e sua razão de ser, a palavra gestão assume uma dimensão bastante específica e peculiar. Dialoga com seu contexto, sua cultura, seu ideário, seu projeto político pedagógico e currículo. Quanto mais claros esses elementos se tornam ao gestor, mais assertivas são as escolhas dos processos a serem implementados. Gestão está ligada a caminhos a serem percorridos, por meio de processos intencionalmente delineados. Contempla uma visão, escolha de estratégias e organiza-se por e para pessoas. Engloba as relações estabelecidas a partir da estrutura organizacional, mas não se limita a ela, envolvendo professores, alunos, suas famílias e a comunidade da qual faz parte.

Cabe destacar que esta pesquisa se concentra na gestão escolar, com foco na gestão pedagógica da escola e não na administrativa, embora estejam intrinsecamente relacionadas.

Em se tratando de gestão pedagógica, as decisões e os processos delineados devem impactar, em última instância, a aprendizagem dos alunos, construída por meio das ações intencionalmente organizadas, considerando professores, alunos e o conhecimento escolar. Em síntese, impactam a sala de aula (ou o currículo) em suas múltiplas dimensões.

No que se diz respeito à natureza da gestão escolar e o caráter dinâmico das organizações escolares, dando conta das diferentes demandas da contemporaneidade, Lück (2000) ressalta que

> [...] Ao serem vistas como organizações vivas, caracterizadas por uma rede de relações entre todos os elementos que nelas atuam ou interferem direta ou indiretamente, a sua direção demanda um novo enfoque de organização e é a esta necessidade

> que a gestão escolar procura responder. Ela abrange, portanto, a dinâmica das interações, em decorrência do que o trabalho, como prática social, passa a ser o enfoque orientador da ação de gestão realizada na organização de ensino. (LÜCK, 2000, p. 14)

Pressupõe equilíbrio entre três elementos: demanda, desenvolvimento de pessoas e infraestrutura.

A demanda diz respeito à comunicação da visão da instituição e do estabelecimento de prioridades, assim como de estratégias para atingí-las. É, de uma maneira simples, sinalizar onde a instituição está, onde quer chegar, porque está indo e como está sendo construído o caminho. Diretrizes e manutenção de propósito são fundamentais, mas é importante que o processo seja alimentado e depurado a partir da experiência de todos, aproveitando os diferentes saberes do grupo. Demanda, portanto, relaciona-se, diretamente, com o estabelecimento de prioridades, definição de estratégias e manutenção do foco.

Infraestrutura diz respeito às condições para que as ações sejam implementadas: recursos humanos, recursos materiais, novos desenhos organizacionais e logísticos.

Desenvolvimento de pessoas refere-se ao processo de engajamento, comprometimento e preparo das equipes para implementar e contribuir com a evolução da instituição com seu projeto de formação. Embora seja constituída por diferentes profissionais, cabe destacar que a experiência de cada um, ainda que traga aspectos de sua individualidade, deve estar alinhada a um projeto maior, que supera estilos e crenças pessoais e assume uma dimensão sistêmica, profissional, parte de uma cultura pedagógica, passível de questionamentos e aprimoramentos.

Nesse sentido, no caso dos professores, cabe a pergunta "de quem é a aula?". A resposta inicial de que a aula é do professor com seus alunos amplia-se pela concepção de que a aula é da instituição, parte de um currículo, parte de um projeto de formação maior.

Pensar o desenvolvimento profissional de educadores à luz do currículo e suas multidimensões

> deve contemplar as dimensões experienciais, afetivas pedagógicas, institucionais, sociais e locais, na construção do conhecimento, à medida que sua expressão maior são os sujeitos históricos e sociais - os sujeitos curriculares e seus lugares. (FELDMANN; MASETTO; FREITAS, 2016, p. 1133)

A reflexão sobre a prática apresenta-se como alavanca do trabalho, visando aprimorá-la. Abramowicz (2001) destaca, sob a perspectiva de uma racionalidade emancipatória, que o professor, protagonista de sua formação, deve interrogar suas próprias práticas e reelaborar, continuamente, seu fazer pedagógico.

> O saber docente não se faz só por mera ótica de acumulação de conhecimentos, mas se pensa em um saber construído experiencialmente, baseado em uma fundamentação teórica consistente e rigorosa para, voltando-se à prática, transformá-la graças à reflexão. (ABRAMOWICZ, 2001, p. 139)

O desenvolvimento profissional do educador pressupõe um processo coletivo em que, por meio do diálogo e da troca de experiências, se dá a construção de saberes e nesse movimento se forja sua identidade pessoal e profissional. O caráter investigativo de sua experiência profissional deve ser ressaltado na formação e na atitude de professor que, como pesquisador, contextualiza e aprimora o trabalho desenvolvido em sala de aula.

Por outro lado, pesquisas realizadas pelo grupo Formação de Professores e Cotidiano Escolar, constituído em 2000 por pesquisadores e docentes da graduação e pós-graduação da Pontifícia Universidade Católica de São Paulo, apontam para um importante desafio:

> Nos estudos que realizamos sobre a formação de professores e a sua articulação com a escola brasileira, é apontada com maior frequência a desvinculação entre teoria e prática pedagógica, vista não como repetidora de modelos e padrões cristalizados, mas como uma prática que traga em si a possibilidade de uma ação dialógica e emancipadora do mundo e das pessoas. (FELDMANN, 2009, p. 75)

Essa característica da formação inicial brasileira amplia os desafios do desenvolvimento profissional que se dá, também, no cotidiano escolar. Segundo Feldmann,

> O processo de formação de professores, caminha junto com a produção da escola em construção por meio de ações coletivas, desde a gestão, as práticas curriculares e as condições concretas

de trabalho vivenciadas. [...] Nesse emaranhado de significações e culturas presentes no cotidiano escolar, o professor se vê muitas vezes inseguro, com incertezas, diante do seu papel e da própria função social da escola e do trabalho docente a ser realizado. (FELDMANN, 2009, p. 77)

Cabe destacar aspecto que agrega complexidade ao tema: nos processos de desenvolvimento profissional, o contato com novas teorias e métodos bem como as reflexões sobre as práticas não, necessariamente, implicam a implementação de iniciativas inovadoras em sala de aula, prevalecendo, com grande frequência, paradigmas tradicionais de ensino e aprendizagem. Portanto, sob a perspectiva da gestão, cabe identificar quais seriam os elementos fundamentais para que o aprimoramento pessoal e profissional do docente seja traduzido, em sala de aula, como uma experiência inovadora.

Outro aspecto de relevância sobre o desenvolvimento profissional é que ele deve ser um trabalho de corresponsabilidade entre a instituição e os colaboradores nas suas diferentes funções. No caso de professores, diversas oportunidades oferecidas pelas instituições, como compartilhamento de práticas, cursos de diferentes estruturas, valorização das experiências realizadas, devem vir acompanhadas da dimensão pessoal e profissional de cada um, que envolva comprometimento com sua autoformação. Tempo para aprofundamento teórico, reflexão sobre a prática e aprimoramento da mesma são elementos que, também, estão conectados com uma dimensão pessoal de engajamento e motivação do professor.

3.2. Currículo

A discussão sobre currículo é relativamente recente, tendo início no século XX e assumindo, até a década de 60, uma visão tecnicista, caracterizada por sua dimensão de controle, planejamento, grade curricular e racionalismo acadêmico. Empresta das ciências biológicas seu modelo de análise.

Atualmente, currículo é compreendido em caráter polissêmico, envolvendo um conjunto de significados, sendo tratado por diversas definições, acepções e perspectivas. Sacristán (2000) propõe organizá-las a partir de cinco âmbitos formalmente diferenciados:

- O ponto de vista sobre sua função social como ponte entre a sociedade e a escola;
- Projeto ou plano educativo, pretenso ou real, composto de diferentes aspectos, experiências, conteúdos, etc.;
- Fala-se do currículo como expressão formal e material desse projeto que deve apresentar, sob determinado formato, seus conteúdos, suas orientações e suas sequências para abordá-lo, etc.;
- Referem-se ao currículo os que entendem como um campo prático. Entendê-lo assim supõe a possibilidade de: 1) analisar os processos instrutivos e a realidade da prática de uma perspectiva que lhes dota de conteúdo; 2) estudá-lo como um território de intersecção de práticas diversas que não se referem apenas aos processos de tipo pedagógico, interações e comunicações interativas; 3) sustentar o discurso sobre a interação entre teoria e prática em educação;
- Referem-se a ele os que exercem um tipo de atividade acadêmica e pesquisadora sobre todos esses temas. (SACRISTÁN, 2000, p.14-15)

A teorização sobre currículo é condicionada por um repertório de pressupostos, teorias parciais, esquemas de racionalidade, crenças, valores. Analisá-lo apenas sob a ótica de seu texto declarado ou sob dimensão técnica é adotar uma visão reducionista que não permite tratar da complexidade e das contradições que emergem na sociedade e reverberam na escola, esta como um espaço de disputa de forças políticas, econômicas, culturais que precisam ser desveladas. À complexidade que envolve as diferentes concepções de currículo agrega-se a perspectiva de seu caráter inacabado.

Sacristán (2000, p. 36) define currículo como "O projeto seletivo de cultura, cultural, social, política e administrativamente condicionado, que preenche atividade escolar e que se torna realidade dentro das condições da escola tal como se configura".

Saindo da perspectiva de políticas públicas e chegando na dimensão institucional, da escola, currículo significa um conjunto de experiências, intencionalmente delineadas para se atingir objetivos de formação estabelecidos, por missão, visão e valores, assim como por seu Projeto Político Pedagógico.

Pressupõe uma matriz curricular, que define um conjunto de conteúdos conceituais, atitudinais e procedimentais a serem aprendidos em determinado tempo didático, que pode ser organizado em séries. Pressupõe, também, um conjunto de estratégias e metodologias que estabelecem o papel dos sujeitos envolvidos no currículo escolar.

Uma outra dimensão de currículo é a de caminhos. Caminhos a serem percorridos pelos sujeitos envolvidos na relação de aprendizagem: professores e alunos. Caminhos que, ao mesmo tempo que constituem esses sujeitos, são por eles constituídos.

Nas palavras de Almeida e Silva:

> O currículo só é significativo como projeto civilizatório e não apenas como habilitador do aprendiz para a ocupação de postos no mercado de trabalho ou para o atendimento de projetos individualistas. Só há currículo digno se, a partir da compreensão do mundo em que vive, for apresentado ao debate nacional um sistema escolar que permita construir-se, pelo conhecimento, um modo de viver socialmente de forma mais justa, digna, democrática e de paz, não apenas aparente, mas de verdadeira coesão social. (ALMEIDA; SILVA, 2018, p. 610)

O currículo assume relevância civilizatória na medida em que sua principal função está em formar cidadãos, numa perspectiva que envolve o conceito de nação.

3.3. Inovação Curricular

Explorando a etimologia da palavra inovação, que vem do latim, *innovatio*, do étimo, particulariza *novus*. Campolina (2012, p. 18) contribui para a concepção de que inovação está ligada a um movimento de permanência e mudanças, de tornar novo, de remeter ao início.

> O uso do vocábulo *in* associado ao conceito do novo no termo in-novar, articula a ideia da emergência da novidade em relação ao interior de um contexto. Nessa expressão, o significado de interior é entendido de duas formas, tanto como a novidade que se implanta em um contexto, quanto a novidade que surge originariamente dentro de um contexto. Desse modo, obtém-se o

sentido de interioridade próprio ao termo inovar que se refere à introdução de algo novo que provém do exterior, como também a obtenção de algo, resultando em novidade no interior de uma realidade particular. (CAMPOLINA, 2012, p.18)

A literatura científica traz diferentes conceitos de inovação, sendo ela objeto de interesse de diversas ciências, tendo iniciado na administração. Destaca-se o vínculo entre inovação e competitividade, investimento, ligados a questões de natureza econômica, mais do que de natureza sociocultural, em diferentes contextos.

Na área da administração, as pesquisas de Tereza Amabile concentram-se em criatividade, produtividade e inovação. Em seu artigo "Como matar a criatividade" (1998), a autora cria um modelo para sistematizar os elementos que compõem a criatividade, sendo esta associada à capacidade de inovação no mundo dos negócios e práticas que fomentam ou desencorajam a inovação. Segundo ela, os gestores podem influenciar esses três componentes, cuja área de convergência entre eles resulta na criatividade e, portanto, inovação. São eles: *Expertise*, competências de pensamento criativo e motivação.

A Figura 1 ilustra as áreas apontadas por Amabile:

Figura 1 – Os três componentes da criatividade

Fonte: Adaptação e tradução livre de Amabile (1998, n.p.)

Por *expertise*, entende-se a importância de se estar preparado, de ter repertório de conhecimentos de diferentes naturezas, conhecimentos técnicos e procedimentos. Segundo a autora, "*expertise* envolve tudo o que a pessoa sabe e pode fazer no amplo domínio do seu trabalho" (AMABILE,1998, n.p., tradução livre). Não se inova a partir do vazio. Na perspectiva das competências do pensamento criativo, destaca como as pessoas enfrentam e solucionam os problemas, articulando e combinando ideias e repertório de diferentes maneiras, fazendo conexões, observando. Remete a fazer-se boas perguntas para buscar novas respostas. "A competência em si depende bastante da personalidade, bem como de como a pessoa pensa e trabalha." (AMABILE, 1988, n.p., tradução livre). Motivação, o terceiro elemento é, dentre eles, o terminante, segundo a autora. "Expertise e pensamento criativo são matérias-primas de um indivíduo, seus recursos naturais se você quiser. Mas o terceiro fator, a motivação, determina o que as pessoas realmente fazem." (AMABILE, 1998, n.p., tradução livre). Divididas em intrínseca e extrínseca, as modalidades de motivação têm impactos diferentes na criatividade, destacando-se, a primeira, como mais essencial. Motivação intrínseca envolve paixão, interesse. Implica sentido e desejo de realização.

Os elementos acima ressaltados, ainda que relativos à teoria da administração, aplicam-se ao contexto educacional, uma vez que a *expertise* pressupõe o preparo, mas também o desenvolvimento das pessoas, assim como um conhecimento amplo, que se expande individual e coletivamente à medida que o processo acontece. O pensamento criativo se dá na busca de caminhos não triviais, com boas perguntas para serem construídas e respondidas. Finalmente, a motivação de natureza intrínseca é aquela que se conecta com o sentido da inovação, a causa, a razão de ser. Pressupõe engajamento. A de natureza extrínseca está nas diferentes formas de valorização dos sujeitos e na celebração dos passos conquistados.

Para Tavares (2018), a inovação em educação tem chamado a atenção da opinião pública e despertado grande interesse acadêmico. Entretanto, concepções, origens e características desse fenômeno educacional têm sido pouco exploradas na sua complexidade e integralidade, concentrando-se os esforços em geral na difusão das práticas e de sua implementação nos diferentes contextos.

O conceito de inovação aplicado ao contexto educacional é apresentado com diferentes significados na comunidade científica. Tavares (2018) propõe uma organização de vinte e três (23) estudos científicos na área, datados de 1970 a 2017.

> Essa categorização resultou em quatro grupos: 1) a inovação como algo positivo *a priori*; 2) a inovação como sinônimo de mudança e reforma educacional; 3) a inovação como modificação de propostas curriculares e; 4) a inovação como alteração de práticas educacionais costumeiras em um grupo social. (TAVARES, 2018, p. 6)

No primeiro grupo, o autor identificou estudos em que se analisou e se teorizou a respeito de experiências particulares. Entende-se, nessa perspectiva, a inovação como solução, como panaceia aos problemas educacionais e destaca-se a aplicação de estratégias originais na busca de aprimorar as práticas pedagógicas.

Cabe ressaltar que nem toda inovação é ou resulta em algo positivo, uma vez que podem ser mudados "materiais", por exemplo, e não mudar metodologias. As inovações não são ingênuas, mesmo que revestidas de neutralidade, pois sempre aparecem "vinculadas a questões ideológicas, sociais e econômicas [...] e dependem da conjuntura em que emergem, de quem são seus promotores e da incidência e da extensão que adquirem." (HERNANDEZ; VENTURA, 1998, p. 19-20).

No segundo grupo, a inovação é entendida como sinônimo de mudança e reforma educacional, não necessariamente estabelecendo diferença entre esses dois termos. É vista como algo complexo, tratada na perspectiva de processo. Esse grupo reúne estudos que não assumem a inovação como algo positivo ou negativo *a priori*. Apresentam, em comum, a preocupação do impacto da inovação a nível macro.

> Tais efeitos apareceram relacionados à criação de novas ideias pedagógicas, materiais didáticos, tecnologias de informação, técnicas de ensino e diversas alterações do ambiente escolar. Nessa perspectiva, a inovação educacional se coloca como uma estratégia que parte do centro do sistema escolar, logo, um mecanismo a mais de ordenação pedagógica e social. (TAVARES, 2018, p. 11)

A terceira categoria reúne estudos que têm em comum a ideia de inovação entendida como mudanças curriculares. Nesse grupo encontram-se estudos que analisam as mudanças sob a perspectiva da gestão, sob a integração de tecnologias, sob a ótica da participação dos docentes.

É fato ser mais fácil mudar materiais e práticas do que propriamente as crenças individuais ou coletivas, o que, não raras vezes, resulta na não mudança. Hernandez e Ventura (1998, p. 28-29) apontam as inter-relações entre as dimensões atribuídas a qualquer tipo de inovação curricular em direção a uma mudança:

> a possível utilização de novos materiais e tecnologias curriculares; o possível uso de novos enfoques de ensino (atividades, estratégias didáticas, etc.); a possível alteração de crenças ou de pressupostos pedagógicos subjacentes às novas políticas ou programas educativos. (HERNANDEZ; VENTURA, 1998, p. 28-29)

Uma quarta categoria de interpretação, que entende a inovação como alteração de práticas costumeiras em determinado grupo social, traz, segundo Tavares (2018), as seguintes características: eliminou a ideia de valor positivo, *a priori*, da inovação; argumentou que permite a distinção entre inovação, mudança e reforma; assumiu a inovação num determinado contexto, como atividade comparativa; não se restringe às práticas de ensino e sim às condutas dos diferentes sujeitos do currículo.

Fullan (2016, p.10) destaca a importância de se diferenciar os termos inovação de inovatividade: "O primeiro diz respeito ao conteúdo de determinado novo programa, enquanto o segundo envolve as capacidades de uma organização de se engajar em melhorias contínuas" (tradução livre).

Na visão de processo da inovação conectada à mudança, Fullan (2016) divide em três etapas caracterizadas por: iniciação (ou adoção ou mobilização); implementação e institucionalização. A iniciação envolve o processo decisório pela mudança. A implantação consiste num processo, definido por um período de um ou dois anos em que as ideias ou reformas são postas em prática. A institucionalização, também denominada rotinização, continuação ou incorporação, pode referir-se tanto à transformação dos elementos em parte contínua do sistema ou seu descarte.

> Em termos simples, alguém ou algum grupo, por qualquer motivo, inicia ou promove um determinado programa ou direção de mudança. A direção da mudança, que pode ser mais ou menos definida nos estágios iniciais, passa para uma fase de tentativa de uso (implementação), que pode ser mais ou menos efetiva. A continuação, ou institucionalização, é uma extensão da fase de implementação em que o novo programa é sustentado para além do primeiro ano ou dois (ou seja qual for o período escolhido). O resultado, dependendo dos objetivos, pode se referir a vários tipos diferentes de resultados e pode ser pensado geralmente como o grau de melhoria da escola em relação a determinados critérios. Os resultados podem incluir, por exemplo, melhor aprendizado e atitudes dos alunos; novas habilidades, atitudes ou satisfação por parte de professores e outros funcionários da escola; ou melhorou a capacidade de resolução de problemas da escola como uma organização. (FULLAN, 2016, p. 56, tradução livre)

Diversos fatores influenciam cada uma das três fases. O primeiro deles é que não se trata de um processo linear: experiências subsequentes fornecem retorno para o processo decisório e podem definir alterações. Outro aspecto importante, ainda segundo o mesmo autor, é o escopo da mudança, sua amplitude e o quanto os professores estão envolvidos no desenvolvimento e/ou no processo decisório referente à inovação. Mais um fator a ser destacado é que não há possibilidade de se demarcar com precisão os tempos envolvendo essas fases, ou mesmo diferenciando, por exemplo, a implantação da continuação. Finalmente, outro aspecto mencionado é que há diferentes compreensões por parte das pessoas sobre a decisão de adoção da mudança. Não se pode presumir que todos entendam em que estão se envolvendo. A ambivalência de significados pode comprometer o sentimento de pertencimento e engajamento na implementação e mesmo na continuação.

Implementação é a decisão em ação. Fullan propõe três questões que devem orientar esse processo:

> Qual é a relação entre o processo de iniciação e a implementação subsequente? Que outros fatores emergem durante a implementação que determinam quais mudanças na prática realmente ocorrem? E quais são as dinâmicas de continuação ou descontinuação? (FULLAN, 2016, p. 66)

47

Nesta pesquisa, utilizaremos as quatro características da inovação propostas por Fullan (2016, p. 68): necessidade, clareza, complexidade e qualidade.

A primeira, necessidade, destaca o quanto é importante a inovação ser percebida como uma necessidade, o que é bastante desafiador, uma vez que costuma haver na escola sobrecarga de ações de aprimoramento e uma dificuldade de priorizá-las. Mesmo numa perspectiva de prioridade entre as necessidades há uma grande dificuldade de as pessoas abrirem mão das metas, mesmo que não sejam realistas.

Clareza, por sua vez, refere-se a metas e meios.

> Mesmo quando há concordância de que algum tipo de mudança é necessário, como quando os professores querem melhorar alguma área do currículo ou melhorar a escola como um todo, a mudança adotada pode não ser clara sobre o que os professores devem fazer de forma diferente. (FULLAN, 2016, p. 70)

Por outro lado, a clareza pode trazer também o que não fazer da mesma forma e construir, com os professores, o que fazer. A falsa clareza, segundo Fullan (2016, p. 70), também traz desafios ao processo, quando as mudanças são interpretadas de uma maneira muito simplificada, superficial. O caminho, segundo o autor, é trazer clareza durante todo o processo de implementação e este ser compreendido como um processo de aprendizagem.

Complexidade, outra característica da inovação, "refere-se à dificuldade e extensão da mudança exigida dos indivíduos responsáveis pela implementação" (FULLAN, 2016, p. 71). Os elementos que estão envolvidos representam dificuldades, habilidades requeridas e o impacto da mudança nas crenças e valores, ou seja, no caso da pesquisa, na cultura escolar.

O quarto e último elemento trazido é a qualidade e praticidade do programa, uma vez que não são naturezas autoevidentes e são decisivas no processo de como as decisões são tomadas. Alocação adequada de tempo, não colocando a adoção se sobrepondo à implementação assim como disponibilidade assertiva de recursos ou materiais têm grande impacto no processo, seja ele a mudança do currículo, a implementação de novas políticas ou a reestruturação de uma escola.

Hernandez e Ventura (1989) apontam alguns aspectos que consideram essenciais para práticas inovadoras, dentre os quais:

- sua origem está vinculada à trajetória de cada escola e às diferentes culturas pedagógicas (individuais ou coletivas);
- têm história, passam por fases, têm ciclo vital de caráter dialético e de confronto de diferentes pontos de vista, práticas e representações que evoluem com o tempo;
- são limitadas por uma complexa gama de condicionantes internos e externos;
- necessitam de um grupo de referência que as impulsione;
- podem gerar diferentes expectativas conforme cada um dos participantes e estas repercutem em sua percepção e seu desenvolvimento na mesma;
- costumam estar vinculadas a pressões e à política educativa alheia à escola ou não, portanto, no início podem ser vividas como uma imposição e só deixam de sê-lo, se tiver conexão com a consciência de necessidade dos envolvidos;
- importante a instituição promotora dispor recursos como apoio;
- o processo de inovação é enriquecido, se for permeável ao intercâmbio e ao contraste de pontos de vista com outros professores, com assessores e outros agentes que podem contribuir para sua dinamização. (adaptação livre). (HERNANDEZ; VENTURA, 1998, p. 299-300)

Numa perspectiva mais ampla, existe certo encantamento pela inovação e pela mudança, orientado pelo que Lipovetsky denominou de "sociedade do hiperconsumo". Em conferência, esse filósofo destacou o surgimento da sociedade do hiperconsumo, após a década de 70, sucedendo a sociedade do consumo, trazida como uma terceira fase (informação verbal[3]).

---

[3] Palestra realizada em 23 de abril de 2019, no SESC, em São Paulo, por Gilles Lipovetsky, intitulada "A nova sociedade de consumo: somos mais felizes?", no evento Cultura, Educação e Tecnologias em debate. Disponível em: https://centrodepesquisaeformacao.sescsp.org.br/atividade/ciclo-cultura-educacao-e-tecnologias-em-debate. Acesso em: 10 jul. 2019.

Como apontam Amorim *et al.* (2018, p. 73) ao mencionar os livros de Lipovetsky, "A felicidade paradoxal: ensaio sobre a sociedade do hiperconsumo", escrito em 2007, e "Cultura-mundo", escrito em 2011, em parceria com Jean Serroy, essas fases da relação do consumo com o indivíduo, com a sociedade e a própria ideia de felicidade são divididas em três momentos do capitalismo de consumo.

A fase I, definida entre 1880 e o fim da Segunda Guerra Mundial, é caracterizada pelo surgimento do mercado de massa viabilizado por novas tecnologias de transporte e de comunicação e, também, do marketing de massa. Grandes magazines e lojas de departamentos se estabeleceram criando o que o autor denominou de "consumo sedução" ou "consumo distração".

A fase II, definida entre início da década de 1950 até a década de 1970, é caracterizada pela "sociedade da abundância", com uma produção em massa acentuada, em função do modelo organizacional fordiano e da disponibilização de crédito para democratizar o consumo. Foco na padronização, dissemina valores materiais, hedonistas, vinculando consumo a status.

A fase III, a do hiperconsumo, caracteriza-se por três eixos: a lógica do cada vez mais; o consumo experiencial e o hiperindividualismo. Na lógica do cada vez mais, destaca-se um consumidor ávido, sem os limites do tempo e do espaço, estimulado por uma personalização ao extremo, pela diversificação da oferta e da superabundância. Na perspectiva do consumo experiencial, destaca-se a lógica hedonista, lúdica, da emoção sobre o status. O hiperindividualismo, por sua vez, manifesta-se nos equipamentos dirigidos aos indivíduos e não à família; na individualização das práticas alimentares; nos pluriequipamentos dos domicílios; na recomposição do consumo em função dos gostos e expectativas de cada um.

Na palestra, em 2019, Lipovetsky disse, ainda, que não se trata de demonizar ou sacralizar o consumo, mas, em última instância, enquanto paixão, de não permitir que ele tenha ascendência sobre a existência. A escola, nesse sentido, tem o papel de despertar paixões outras que façam frente à paixão do consumo exacerbado.

Nesse contexto e, de alguma forma, em especial quando se trata de educação privada, a escola não deve colocar-se simplesmente à mercê de um mercado ou assumir a inovação por princípio, sem ter claro o que se busca, por que se busca e para quem se busca promover mudanças.

Nesta dissertação entende-se inovação como um processo de múltiplas dimensões, que rompe com modelos e contextos vigentes. Pressupõe atitude e motivação dos sujeitos para buscar caminhos e de encontrar soluções criativas para as inquietações que se apresentam no cenário pedagógico. Envolve o conceito de mudança e não tem valor positivo ou negativo *a priori*. Envolve, essencialmente, intencionalidade.

O termo inovação curricular é utilizado na pesquisa para caracterizar o impacto desse movimento no currículo da escola pesquisada e conecta-se com a identidade da instituição e, em última instância, com a sala de aula, entendida em seu sentido mais amplo.

3.4. Cultura organizacional

A questão da inovação curricular vincula-se à cultura organizacional, uma identidade, a "personalidade" organizacional. Sobre suas especificidades, Bowditch, Buono e Stewart afirmam:

> Cultura organizacional tende a ser singular a uma organização específica, composta por uma dimensão objetiva e uma subjetiva e preocupada com costumes, tradições e crenças compartilhadas sobre a vida organizacional. Este é um poderoso determinante do comportamento individual e coletivo. Cultura organizacional afeta virtualmente todos os aspectos da vida da organização desde a maneira como as pessoas interagem entre si, performam seu trabalho, se vestem, até os tipos de decisões que são tomadas na empresa, suas políticas organizacionais e procedimentos e considerações estratégicas. (BOWDITCH; BUONO; STEWART, 2008, p. 325, tradução livre)

Embora também seja definida pela estrutura organizacional, a cultura organizacional vai muito além: molda comportamentos; pressupõe interação entre as pessoas, sendo, portanto, coletiva; tem uma natureza emotiva e simbólica; é inerentemente difusa, envolvendo contradições, ambiguidades e paradoxos. Ao mesmo tempo, cria um senso de ordem e de razão de ser, que favorece a criação do sentimento de pertencimento e comprometimento.

As sutilezas da cultura organizacional devem, segundo Bowditch, Buono e Stewart (2008, p. 322), ser compreendidas à luz de três elementos: sua singularidade; seus diferentes níveis, divididos em cultura objetiva e subjetiva; e as subculturas.

Além das especificidades entre organizações, sejam elas do mesmo setor ou não, existem as culturas intraorganização, referentes a diferentes setores.

Figura 2 – Níveis da cultura organizacional

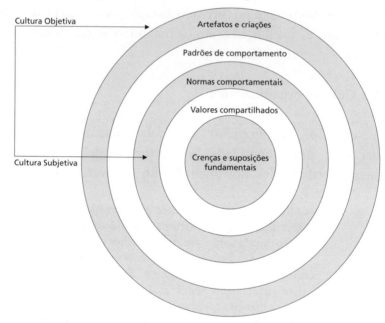

Fonte: Bowditch, Buono e Stewart (2008, p. 323, tradução livre)

Como a Figura 2 ilustra, a dimensão subjetiva da cultura tem em seu cerne crenças e suposições fundamentais, assim como valores compartilhados, que orientam normas comportamentais e estabelecem padrões de comportamento. Essa subjetividade envolve pessoas que são tidas como modelo, referência para outras, que personificam os valores da instituição. Envolve, também, mitos, histórias, ritos e tabus.

Os artefatos e criações, elementos objetivos da cultura, podem ser similares a outras organizações, podendo ser, inclusive, copiados. A dimensão subjetiva, entretanto, é singular.

Embora exista uma cultura dominante, é provável que existam subculturas, relativas a setores específicos, divisões ou até instituições dentro de um grupo maior de empresas. Subculturas precisam ser identificadas, compreendidas e trabalhadas pelo gestor à medida que possam interferir na visão sistêmica e na aceitação de mudanças propostas. Existem, ainda, contraculturas que são aquelas que emergem de grupos que rejeitam fortemente o que se está buscando desenvolver ou o que a organização representa. Contraculturas tendem a surgir, em geral, quando são realizadas grandes transformações organizacionais, como fusões e aquisições.

Na perspectiva de Bowditch, Buono e Stewart (2008, p. 326), "Decifrar a cultura de uma organização é um processo altamente interpretativo e subjetivo que requer insights sobre atividades históricas e atuais". Nos modelos interpretativos, os autores destacam os elementos presentes nas pesquisas etnográficas: artefatos culturais e criação; heróis organizacionais; mitos e estórias organizacionais; normas e expectativas de comportamento como rituais, ritos e tabus organizacionais; valores compartilhados.

O processo de mudança da cultura organizacional é incremental, pois envolve aprendizagem e experiências pessoais e coletivas. "De fato, os mais bem sucedidos esforços de mudança cultural parecem estar baseados em 'redireções' incrementais e esforços para 'honrar' o passado das companhias" (BOWDITCH; BUONO; STEWART, 2008, p. 326).

Parte de movimentos pessoais que reverberam no coletivo, como sinaliza Barrera:

> É a partir das ações individuais de mudança que as inovações passam a ser coletivas. O que pode fazer a ação dos sujeitos ser diferente são seus próprios sentimentos e pensamentos, as normas e leis a que está submetido, os desafios e propostas que surgem da dinâmica do seu cotidiano e o feedback que teve diante de sua própria ação. (BARRERA, 2016, p. 146)

Os referenciais apresentados nesta pesquisa reforçam diferentes dimensões da subjetividade do processo de inovação. Amabile (1998) destaca a motivação, em especial, a de natureza intrínseca; Bowditch; Buono e Stewart (2008) trazem os elementos da cultura subjetiva em diferentes níveis, assim como subculturas e contraculturas; Barrera (2016), por sua vez, demonstra que mudanças coletivas ocorrem a partir de mudanças individuais em diversas perspectivas.

No capítulo a seguir é apresentado o lócus da pesquisa, delineando a identidade, o contexto e a proposta de formação da instituição.

CAPÍTULO 4
LÓCUS DA PESQUISA

A pesquisa se realiza nas duas unidades escolares de uma mesma instituição, no Estado de São Paulo, sendo uma na região central do município de São Paulo e outra no bairro da Granja Vianna, no município de Cotia. Trata-se de educação privada, atendendo alunos de classe média alta e alta.

A unidade de São Paulo, situada no bairro de Higienópolis, tem instalação vertical, foi inaugurada em 1961 e vem sofrendo intervenções de modernização e adaptações às necessidades curriculares.

A unidade Granja Vianna, um campus horizontal, oferece diversas instalações em que os segmentos são separados em três prédios e espaços privilegiados como campo de futebol, bosque, piscina, ginásio de esportes, dentre outros. Cerca de 2300 alunos estão distribuídos entre as duas unidades.

Na unidade Granja Vianna, há classes especiais para surdos, da Educação Infantil ao 5º ano, atendendo 49 alunos pelo Centro de Educação para Surdos Rio Branco (CES). São 251 professores, sendo 115 atuando na Unidade Higienópolis e 136 na Unidade Granja Vianna.

Pelo perfil da comunidade atendida pela escola, o Ensino Médio tem caráter propedêutico, sendo esperado que, ao final desse ciclo, além de uma formação mais ampla, os alunos estejam preparados para os principais processos seletivos de universidades públicas, como Exame Nacional do Ensino Médio (Enem), exame da Universidade de São Paulo (USP), realizado pela Fuvest, e de outras universidades públicas deste estado. Espera-se, também, que estejam preparados para exames de universidades privadas de reputação consolidada ou, de maneira crescente, acesso a universidades no exterior.

Desde 2008, a instituição faz parte do Programa de Escolas Associadas (PEA) da Unesco, uma rede de escolas no mundo inteiro que assume a agenda de que a guerra está na cabeça das pessoas e que, por meio da Educação, irá se construir a paz.

Em 2019 recebeu a certificação de Escola de Referência Google. Trata-se de um reconhecimento pela utilização da plataforma *Google for Education* e seus diferentes aplicativos (apps), de maneira inovadora e integrada ao currículo, assim como pela certificação de educadores em diferentes níveis: Educador Google Nível 1, Educador Google Nível 2 e Trainner, considerado o Nível 3.

4.1. Histórico da instituição

O Colégio Rio Branco tem como mantenedora a Fundação de Rotarianos de São Paulo (FRSP), constituída em 22 de novembro de 1946 por vinte rotarianos do Rotary Club[4] de São Paulo. Segundo pontua o seu portal na internet[5], "Os fundadores, entre os quais empresários, engenheiros, médicos, advogados e outros profissionais de destaque, elegeram a educação como instrumento principal para a construção de uma sociedade mais humana e pacífica, composta por cidadãos éticos e solidários." Esse propósito se alinhava ao contexto histórico mundial do pós Segunda Guerra Mundial.

Desse modo, trata-se de uma instituição sustentada, inicialmente, pelo sonho - ver o que ainda não está, mas que é possível realizar. Sonho coletivo, de onde se origina a vocação para um pensar e atuar em grupo, que caracteriza a organização de suas mantidas, e a crença na força transformadora da educação voltada para a cultura da paz, que se concretiza em ideais como diversidade humana, inclusão em todas as dimensões e oportunidades para todos (FRSP, 2013, p.16).

Atualmente, são cinco as Instituições Rio Branco mantidas pela FRSP:

- o Colégio Rio Branco com duas unidades no Estado de São Paulo, a primeira situada no bairro de Higienópolis e a segunda localizada na Granja Viana, na cidade de Cotia, ambas com turmas do Infantil 2, destinadas a crianças a partir de 2 anos de idade até o Ensino Médio;
- as Faculdades Integradas Rio Branco;

---

[4] Rotary Club é um clube de serviços, parte de uma rede internacional, denominada Rotary International, criada em 1905 em Chicago, Estados Unidos. Dedica-se, de maneira voluntária, à promoção de serviços humanitários. Reúne 1,2 milhões de associados, os rotarianos em 35.000 clubes ao redor do mundo. Disponível em: https://www.rotary.org/pt. Acesso em: 13 jul. 2019.
[5] Disponível em: https://www.frsp.org/site/pt/institucional/quem-somos.aspx. Acesso em: 13 jul. 2019.

- o Centro Profissionalizante Rio Branco (Cepro), que é uma entidade certificadora que promove a Socioaprendizagem Profissional de jovens em vulnerabilidade, de 15 a 19 anos, cursando ou tendo concluído o Ensino Médio na escola pública, de acordo com a Lei do Aprendiz (nº 10.097/2000) e também o Programa de Qualificação Profissional para Surdos, Pessoas com Deficiência Física e Reabilitados do INSS, em parceria com o Sindicato das Empresas de Limpeza Urbana no Estado de São Paulo e Rotary Club;
- o Centro de Educação para Surdos Rio Branco (CES), que "oferece uma educação pautada na filosofia bilíngue e multicultural que compreende a Língua Brasileira de Sinais (Libras), como a língua primeira ou língua materna e a Língua Portuguesa, em sua modalidade escrita, como segunda língua"[6]. Atua com crianças a partir de 3 meses de idade com diversos programas, dentre eles o de Continuidade de Escolaridade em que alunos que passaram pelo processo de formação até o 5º ano do Ensino Fundamental são incluídos em classes de ouvintes no Colégio Rio Branco, acompanhados por tradutores e intérpretes de Libras e Língua Portuguesa;
- o Ensino a Distância Rio Branco (EAD).

Enquanto organização, a Fundação aponta como missão "Servir com excelência, por meio da educação, formando cidadãos éticos, solidários e competentes". Segundo o Projeto Político Pedagógico, sua visão de "Ser referência nacional e internacional na área de Educação" (FRSP, 2013, p.18) pressupõe desenvolver iniciativas que possam inspirar outras instituições. Seus valores declarados são:

> Ética - Observar os mais elevados princípios e padrões éticos, dando exemplo de solidez moral, honestidade e integridade.
> Responsabilidade Social - Exercer a cidadania contribuindo, por meio da Educação, para o desenvolvimento da Sociedade e respeito ao meio ambiente.
> Ser Humano - Propiciar um tratamento justo a todos,

---

[6] Disponível em: http://www.ces.org.br/site/quem-somos.aspx. Acesso em: 19 mar. 2019.

valorizando o trabalho em equipe, estimulando um ambiente de aprendizagem, desenvolvimento, respeito, colaboração e autoestima.
Gestão - Valorizar e seguir os princípios da Transparência, Equidade, Prestação de contas e Responsabilidade Corporativa.
Qualidade - Estimular a inovação e a criatividade de forma planejada e integrada, com foco na qualidade e nos resultados, propiciando a perenidade da organização.[7]

4.2. Estrutura organizacional da FRSP - breve descrição

Parte da gestão se dá por voluntários que compõem o Conselho Superior e a Diretoria. Um superintendente faz a ponte entre a parte voluntária e a profissional. A partir dele vem os gestores de cada unidade mantida.

A Fundação de Rotarianos de São Paulo (FRSP) possui estrutura administrativa centralizada e dá suporte a suas entidades mantidas em diferentes departamentos (Relações Humanas, Suprimentos, Financeiro, Tecnologia, dentre outros), que se colocam a serviço das instituições mantidas.

Possui diversos Comitês de natureza consultiva, para contribuir com a gestão da organização.

4.3. Estrutura do Colégio (gestão e pedagógica)

A gestão pedagógica é exercida, em última instância, pelo Diretor Geral, Diretores de Unidade e Diretores de Unidade Assistente.

A Direção Geral conta com um Coordenador de Processos que atua no desenho e aprimoramento dos processos de gestão da escola, sejam eles administrativos e/ou pedagógicos. Conta ainda com uma Assessora de Atendimento para captação de novos alunos.

Para dar suporte à gestão pedagógica, o Colégio Rio Branco conta com o Núcleo Técnico Pedagógico, composto pelo Coordenador Pedagógico, Orientador Educacional, Coordenador de Área, Núcleo de Apoio Pedagógico e Setores de Apoio (FRSP, 2018, p. 8).

---

[7] Disponível em: https://www.frsp.org/site/pt/institucional/quem-somos.aspx. Acesso em: 19 mar. 2019.

A esse grupo somam-se os Coordenadores de Projetos, responsáveis, desde 2017, pela concepção e implementação das ações estratégicas como inovações curriculares, assim como pelo desenvolvimento do trabalho da 3ª série do Ensino Médio, denominada Pré-Universitário.

Dentro do Núcleo Técnico Pedagógico existem profissionais que atuam em sua respectiva unidade do Colégio e profissionais que atuam em ambas as unidades. Nos parágrafos abaixo são especificadas as funções e suas esferas de atuação.

A Coordenação Pedagógica é dividida em duas pessoas por Unidade, sendo uma responsável da Educação Infantil ao 5º ano do Ensino Fundamental e a outra do 6º ano do Ensino Fundamental à 2ª série do Ensino Médio. A 3ª série do Ensino Médio, denominada Pré-Universitário, em cada unidade, fica sob a responsabilidade de um Coordenador de Projetos.

Dentre a equipe de Orientação Educacional, com 5 profissionais, uma é Orientadora de Apoio à Aprendizagem, que trabalha como ponte entre profissionais que atendem alunos com especificidades, como distúrbios de aprendizagem, distúrbios emocionais e necessidades especiais, tendo contato com os familiares dos alunos, além de dar apoio às demandas que surgem das famílias. O foco do trabalho da Orientação Educacional é a mentoria escolar, buscando caminhos para que os alunos desenvolvam compromisso e metodologias para aprenderem mais e melhor.

A Coordenação de Área, por sua vez, é denominada biunidade, ou seja, trabalha com ambas as equipes de docentes. Existe uma equipe que atende da Educação Infantil ao 5º ano do Ensino Fundamental, composta por coordenações de: Língua Portuguesa, Matemática, Ciências/História/Geografia e Língua Inglesa. Exceção feita à coordenação de Tecnologia Educacional que nesses dois segmentos tem uma coordenadora em cada Unidade. Do 6º ano do Ensino Fundamental à 3ª série do Ensino Médio há coordenadores de Língua Portuguesa, Redação, Matemática, Línguas Estrangeiras (Inglês e Espanhol), História, Filosofia e Sociologia, Geografia, Ciências e Biologia, Física, Química, Tecnologia Educacional. Existem dois tipos de Coordenadores: aqueles que também são professores e aqueles que têm apenas horas para coordenar. Referências técnicas e metodológicas são vistas no sentido de buscar desenvolver novas propostas de aprendizagem dos alunos na sua área.

O Núcleo de Apoio é uma estrutura de suporte à aprendizagem que, entre os professores do Ensino Fundamental II e Ensino Médio, é composta por jovens profissionais, muitas vezes com mestrado ou doutorado completo ou em curso, mas com pouca experiência de escola. Esses professores vão assumindo um conjunto de atividades na escola e se aprimorando, tendo a possibilidade de vir a assumir aulas regulares e evoluir para outras funções. A Educação Infantil e o Ensino Fundamental I são compostos por professoras formadas em Pedagogia. É uma forma de desenvolver os professores em seu início de carreira, permitindo que eles venham a ascender na instituição como professores titulares, posteriormente coordenação de área ou de projetos. Cada unidade tem sua equipe de Núcleo de Apoio que, conforme o Plano Escolar (FRSP, 2019), atua nas seguintes atividades de apoio à aprendizagem:

> Na modalidade à distância e presencial, por meio de plataforma adaptativa que aprimora e complementa o processo de ensino/aprendizagem. Fazem parte desse núcleo as seguintes atividades gratuitas:
> **Classroom** - espaço virtual de trabalho entre alunos e professores, interativo, adaptativo. Pode ser utilizada como reforço escolar e aprofundamento de conceitos e conteúdos.
> Atuação de professores do **Núcleo de Apoio nas turmas de 2º ano** do Ensino Fundamental: realizam um trabalho em conjunto com os professores da classe, como reforço em Língua Portuguesa e em Matemática, no horário regular de aula.
> **Alinhamento Conceitual** - aulas em período oposto, oferecida no Ciclo 1, destinadas a alunos que passaram por Conselho de Classe ou ingressantes que apresentaram dificuldades. Tem o objetivo de ajudar o aluno a sanar suas dificuldades e evitar lacunas em sua aprendizagem. Contempla alunos de 6º ano do Ensino Fundamental à 2ª série do Ensino Médio. Pela natureza revisional da 3ª série do Ensino Médio, no Pré-Universitário o Colégio oferece Plantão de dúvidas (descrito abaixo).
> **Plantão de dúvidas** no período oposto ao das aulas, oferecido aos alunos do 3º ano do Ensino Fundamental à 3ª série do Ensino Médio. Será incentivada a prática diária de estudo por

meio de atividades postadas no aplicativo Classroom, a partir do 6º ano do Ensino Fundamental, contemplando resolução de exercícios, assistindo vídeos e lendo textos à medida que são disponibilizados.
Simulados - momento de preparação do aluno para os desafios dos processos seletivos como vestibulares e Enem, o Colégio aplica simulados aos alunos da 1ª à 3ª série do Ensino Médio que, ao longo do ano, recebem devolutiva de seu desempenho, podendo, assim, aprimorar suas performances futuras.
Grupos de estudo - organizados, opcionalmente, pelos alunos, têm o objetivo de rever, fixar e aprofundar conteúdos e pré-requisitos trabalhados em aula.
Módulos optativos - São módulos de aulas adicionais e complementares, oferecidas no período oposto ao que o aluno está matriculado, que podem ser escolhidas de acordo com os interesses pessoais, valorizando vocações individuais e a singularidade do estudante, flexibilizando assim o currículo. (FRSP, 2019, p. 9)

A Coordenação de Projetos é uma função recente na estrutura do Colégio Rio Branco que visa ao desenvolvimento e implementação de ações estratégicas ou novos departamentos. Duas frentes estão em desenvolvimento: Inovação Curricular (biunidade) e Pré-Universitário (com um coordenador para cada Unidade). Dentro de Projetos existe a área de Estudos Internacionais, destinada ao ingresso dos alunos no Ensino Superior no exterior. Alguns coordenadores acumulam horas para mais de uma função.

Além da estrutura funcional, existem os Grupos de Trabalho (GTs), compostos por elementos dos diferentes grupos e professores que são chamados a contribuir com as mudanças curriculares.

O Núcleo Técnico Pedagógico e a Coordenação de Projetos reúnem um número significativo de profissionais com vistas ao aprimoramento do currículo e, em última instância, da entrega em sala de aula. Atualmente, são quatro Coordenadores Pedagógicos, 11 Orientadores Educacionais (a Unidade Higienópolis, atualmente, está trabalhando com seis profissionais), 15 Coordenadores de Área e 30 professores de Núcleo de Apoio, sendo que, destes, seis dão suporte ao trabalho de Redação em sala de aula.

Ainda na perspectiva pedagógica, o Colégio Rio Branco conta com profissionais do Centro de Educação para Surdos Rio Branco (CES) que dão suporte ao trabalho pedagógico no Programa de Continuidade de Escolaridade para alunos de 6º ano do Ensino Fundamental ao Ensino Médio com o trabalho de tradutores e intérpretes de Língua Brasileira de Sinais, Libras-Português, com a adaptação de atividades para os alunos, quando necessário, e no desenvolvimento do componente Língua Portuguesa como Segunda Língua para Surdos. Na Educação Infantil, desenvolve a proposta pedagógica em classes especiais tendo, inclusive, professores surdos atuando com as crianças.

Em Setores de Apoio sob a gestão dos Diretores se encontram: Secretaria Escolar, Biblioteca, Inspetoria. Setores como Manutenção, Limpeza, Vigilância Escolar, Nutricionista, Departamento Médico, Bombeiro, Tecnologia da Informação, Áudio e Vídeo encontram-se sob gestão da FRSP, dando apoio nas Unidades.

4.4. Elementos identitários

Alguns elementos compõem a identidade da escola pesquisada. Dentre eles, os chamados princípios norteadores da ação educativa que estão expressos no Projeto Político Pedagógico da FRSP:

- Ter mente aberta
- Acolher e educar
- Acolher a diversidade
- Instaurar a flexibilidade curricular
- Assumir os conteúdos como meios
- Tomar como responsabilidade institucional a aprendizagem dos alunos
- Reconhecer, institucionalmente, que todos aqueles que interagem com as famílias e os alunos são educadores
- Assumir o compromisso com a formação continuada dos professores, como responsabilidade com eles partilhada
- Fomentar a cultura da avaliação nas diferentes instâncias institucionais (FRSP, 2013, p.33, adaptação livre).

Outros elementos identificados na proposta educacional:

> [...] deve contemplar: respeito mútuo como dever e direito; justiça com base na igualdade e equidade; diálogo como instrumento de solução de conflitos e tomada de decisões coletivas; solidariedade e cooperação como práticas de vida. (FRSP, 2019, p. 5)

Destacam-se, ainda, alguns atributos presentes no currículo da instituição:

Protagonismo - alunos apresentam e desenvolvem iniciativas, projetos e atividades concebidas por eles. São propostas continuadas por alunos mais jovens ao longo dos anos. Alguns exemplos dessas iniciativas:

- CRB-MUN: desde 2002, os alunos do Ensino Médio participam de atividades de simulação da ONU em evento denominado Mini-ONU em parceria com a PUC de Belo Horizonte. A partir de 2008, os alunos passaram a organizar com apoio de um professor de cada unidade, um evento interno denominado CRB-MUN, feito por alunos para alunos, a partir do 9º ano do Ensino Fundamental, em que eles exercitam a simulação, como delegados de diferentes países. Geralmente com duração de uma tarde e de um dia inteiro, conta com comitê de imprensa, também apoiado por um professor.
- REAJA: acrônimo de Reflexão, Equilíbrio e Ação Junto ao Ambiente, é um projeto criado por alunos do 3º ano do Ensino Médio de 2007, impactados pela questão do aquecimento global e com a iniciativa de propor ações no interior da escola de conscientização sobre o meio ambiente.
- Monitoria: desde 1991, sob o lema Amizade, Lealdade e Honra, os alunos a partir do 9º ano do Ensino Fundamental assumem, voluntariamente, o compromisso de contribuir com o desenvolvimento de alunos mais novos e apoiar atividades promovidas pela escola como eventos, saídas culturais, brincadeiras e viagens de estudo do meio. Existe uma equipe de liderança da monitoria, composta por alunos da 2ª série do

Ensino Médio e uma coordenação de um membro da escola. Alunos monitores são referências positivas para os alunos mais novos em termos de liderança, responsabilidade, colaboração, iniciativa e acolhimento dos alunos.
- Grupo de Teatro Rio Branco: existe desde 1986 e, há mais de 30 anos, tem feito parte da formação de alunos, desenvolvendo o autoconhecimento, proporcionando ampliação de repertório cultural e diversas formas de expressão. Alunos atuam não somente como atores, mas aprendem, também, outras funções de suporte, dentre elas: técnica, iluminação, cenário. Reúne, a cada cinco anos, alunos de todas as idades que passaram por essa experiência, tendo alguns deles seguido a carreira profissional de ator.
- Montagem de Musicais: da experiência do grupo de teatro surgiu, em 2013, a iniciativa de montagem de musicais em releituras de musicais contemporâneos. Iniciativa, desenvolvimento e realização de alunos.

Competência pessoal com impacto social - traz a ideia de que não basta o aluno se conhecer, descobrir seus talentos e vocações, construir um projeto de vida e ir em busca dele. São aspectos fundamentais de uma proposta educativa, mas não são suficientes. Para o Colégio e para a Fundação da qual faz parte, é esperado que esses alunos façam diferença na sociedade, sejam comprometidos com um mundo mais justo e solidário.

Ambientes Flexíveis de Aprendizagem - físicos e virtuais, ressignificam a sala de aula e a relação de aprendizagem e de ensino. Podem significar diferentes arranjos e organização da própria sala de aula, que favorece compartilhamento, colaboração, mobilidade, recursos tecnológicos. Podem, ainda, transformar espaços outros da escola e fora dela em "salas de aula". Virtualmente, o uso de plataformas digitais permite diversos tipos de interação entre professores e seus pares, professores e alunos, alunos e seus pares.

Apresentado o lócus da pesquisa, informações importantes para a compreensão da estrutura e da dinâmica da escola onde se realiza a investigação, a seguir, é detalhado o currículo em movimento com as principais ações implementadas no período de 2017 a 2019.

CAPÍTULO 5
CURRÍCULO EM MOVIMENTO: METAMORFOSE DA ESCOLA

5.1. Recorte histórico

O foco da pesquisa está no período entre maio de 2017 e abril de 2019, período em que uma série de inovações curriculares foram implementadas no Colégio Rio Branco. Essas importantes mudanças não foram construídas de uma hora para outra e só são possíveis de ocorrer, com consistência, porque existem pessoas preparadas para percorrerem um caminho.

Dentro do princípio de diferenciar novidade de inovação, a gestão do Rio Branco debruçou-se, inclusive pela perspectiva de planejamento estratégico, com grupos de trabalho, sobre demandas que vinham surgindo na escola privada, impactadas pelo mercado. Esse mercado trazia novas escolas, projetos com investimentos vultosos e com propostas pedagógicas que se apresentavam como diferentes: escolas denominadas *premium*, no sentido do alto custo de mensalidades, instalações físicas atraentes e currículos que se propunham inovadores. *Avenues School*, Escola *Concept*, *Red House International School*, Escola Eleva[8] são algumas das instituições que surgiram e geraram uma movimentação grande de profissionais de escolas e de alunos.

Esse fato foi visto como uma oportunidade de olhar para os atributos que estavam sendo destacados por essas novas instituições e fazer uma análise sobre a proposta pedagógica do Colégio Rio Branco. Internacionalização, com diferentes significados, muito ligados a propostas de bilinguismo, formação do cidadão global e metodologias ativas foram se tornando palavras-chave nos currículos das instituições.

Outro movimento do mercado da segunda década do século XXI que tende a impactar as escolas privadas e o sistema de educação pública é o ingresso de grandes grupos privados, alguns deles, grandes

---

[8] Endereços dos sites das escolas mencionadas: *Avenues School* (https://www.avenues.org/pt-br/sp/); Escola *Concept* (https://www.escolaconcept.com.br/); *Red House International School* (http://redhouseschool.com.br/); Escola Eleva (https://escolaeleva.com.br/). Acesso em: 12 jul. 2019.

investidores do Ensino Superior, passando a investir na Educação Básica. Grupos como Bahema Educação, Kroton, Gera Venture, Ânima, Sistema Educacional Brasileiro (SEB), Arco Educação[9] passaram a buscar escala na oferta de educação e, em alguns casos, a atuar também no mercado editorial e de sistemas de ensino.

A partir dos aspectos acima destacados, surge a necessidade de revisitar o Projeto Pedagógico do Colégio e, também, a oportunidade de redesenhar a estrutura de apoio pedagógico em busca de consolidar o processo de inovação curricular. A seguir, será apresentada a nova função estabelecida a partir da mudança de estrutura: a Coordenação de Projetos.

5.2. Coordenação de Projetos: um novo caminho

Dentro da estrutura do Colégio Rio Branco, a Direção Geral contava, desde 2007, com uma Assessoria Pedagógica. Em 2014 esse cargo foi substituído pela Assessoria de Aprendizagem, Avaliação e Resultados. Duas pessoas ocuparam, consecutivamente, essa função, tendo a primeira delas atuado por cerca de 2 anos e quatro meses e, a segunda, por cerca de 11 meses.

A necessidade de pensar diferente - de a escola se reinventar, sem perder sua identidade - fez com que fosse vislumbrado um novo caminho para essa função. Ao invés de a Direção Geral ter uma Assessoria de 44 horas semanais, decidiu buscar, dentro da escola, 4 professores que se destacavam quanto a comprometimento, iniciativa, criatividade e potencial para inovação e convidou-os para serem Coordenadores de Projetos com 12 horas semanais para cada um deles. Essa iniciativa criou condições para que professores pudessem ajudar a pensar novos caminhos para a escola e vivê-la, também, sob a perspectiva da gestão.

A coordenação de projetos como um todo trouxe à equipe técnica novas perspectivas, novas perguntas. Muito disponíveis para o trabalho colaborativo, os quatro novos coordenadores foram fundamentais para o desenvolvimento de ações que impactaram o currículo nos anos

---

[9] Endereço dos sites dos grupos de investidores: Bahema Educação (https://www.bahema.com.br/a-companhia/historia/); Kroton (www.kroton.com.br); Gera Venture (https://www.geraventure.com.br/), Ânima (https://www.animaeducacao.com.br); SEB (https://www.sebsa.com.br/); Arco Educação (https://arcoeducacao.com.br/). Acesso em: 12 jul. 2019.

subsequentes. A cada um desses professores, coordenadores de projetos, foi proposto um aditivo contratual por tempo determinado, que permitisse, caso uma das partes decidisse por finalizar a coordenação, poder fazê-lo sem comprometer a atuação como professor. Foram definidos três eixos de desenvolvimento de projetos: Pré-Universitário, responsável pela 3ª série do Ensino Médio das duas unidades; Currículo Flexível (com dois Coordenadores de Projetos) e Núcleo de Desenvolvimento e Inovação Aplicados. Os mesmos serão apresentados a seguir.

5.2.1. Coordenação de Projetos: Pré-Universitário

A coordenação do Pré-Universitário é responsável por acompanhar e aprimorar o trabalho pedagógico da 3ª série do Ensino Médio, com vistas a preparar os alunos e melhorar seus resultados no Exame Nacional do Ensino Médio (Enem) e vestibulares como Fuvest. Como implementada em 2015, a matriz curricular foi organizada a partir do 9º ano do Ensino Fundamental, de acordo com os dez anos anteriores de processos seletivos mencionados acima. Embora o currículo não se limite à obtenção de resultados de vestibulares, esses processos seletivos são importantes, pois é esperado que os alunos sejam bem-sucedidos na próxima etapa. A organização curricular de 2015 apresentou uma transição para os anos de 2015 e 2016 em que foram oferecidas, no contraturno, de maneira optativa, aulas de revisão para os vestibulares em parceria com o curso Intergraus. Foi denominado Pré-Vest.

Em 2017, na evolução da matriz curricular, foi implantado, na 3ª série do Ensino Médio, o Pré-Universitário, preparatório para os processos seletivos, no horário regular de aulas. O currículo até a 2ª série do Ensino Médio previa material didático baseado em livros didáticos, paradidáticos e plataformas diversas. Para a última série do Ensino Médio optou-se pela Plataforma do Sistema Ari de Sá em que parte dos conteúdos desta série é revisional e, outra parte, conteúdo novo. A escolha do Sistema Ari de Sá deu-se após análise dos coordenadores e professores sobre o mesmo e sobre os Sistemas Bernoulli e Poliedro[10].

---
[10] Plataformas de Ensino ou sistemas de Ensino são soluções pedagógicas que envolvem materiais didáticos impressos e digitais, e suporte pedagógico, quando solicitado. São oferecidos da Educação Infantil ao Ensino Médio.

No desenho da matriz curricular do Ensino Médio e do 9º ano do Ensino Fundamental, optou-se por ter uma série final não exclusiva para revisão, pois geraria uma compressão de conteúdos nas séries anteriores. Todo o exercício feito na busca de melhores resultados se deu com a premissa de não se perder a identidade da instituição.

5.2.2. Coordenação de Projetos: Currículo Flexível

A coordenação do projeto de Currículo Flexível debruçou-se, inicialmente, sobre as mudanças de Ensino Médio. Entretanto, entendeu-se que deveria concentrar-se no Ensino Fundamental II.

A proposta de inovação curricular para o Ensino Fundamental II foi construída com base num processo de diagnóstico e análise das informações bastante rico. Para se discutir inovação curricular os coordenadores fizeram dinâmicas com grupos de alunos do 5º ao 9º ano do Ensino Fundamental II e Ensino Médio, procurando desenvolver uma escuta atenta "[...] com o objetivo de investigar seus interesses, compreender seus anseios e ouvir suas críticas e sugestões em relação ao que viviam diariamente" (HAN; SANTOS, 2018, p. 130).

Figura 3 – Alunos registrando suas expectativas sobre o currículo

Fonte: Arquivo FRSP (2017)

A Figura 3 registra a dinâmica realizada com os alunos no momento em que eles refletem sobre elementos que, segundo eles, seriam fundamentais para o currículo da escola. Algumas das palavras que aparecem na imagem: desenvolvimento criativo, atualidades, política com discursos diversificados, valorização de outros tipos de inteligência que não a acadêmica. Na dimensão de como deveriam ser as aulas surgiram: energia, interação entre os alunos, outra organização da sala, uso de diferentes formas de aplicações de pedagogia, discursos diversificados, aula dinâmica, tecnologia nos estudos (computadores em sala). Destaque para a palavra ARTE.

Outra ação que fez parte do diagnóstico para a proposta a ser desenvolvida foi o envolvimento na reflexão sobre um questionário respondido por professores, a convite, com o objetivo de levantar a percepção dos mesmos sobre os pontos fortes e desafios do Colégio Rio Branco, assim como suas percepções sobre os alunos e professores da instituição e sobre o próprio trabalho, no que se refere às suas aulas.

Além do diagnóstico com os professores para o desenho das propostas, o processo de desenvolvimento de decisão contou com outras etapas de interlocução com o corpo docente. Nesse sentido, o processo de inovação curricular teve a participação de pessoas diretamente ligadas à sala de aula. Seja pelos dois professores convidados para coordenarem o trabalho, seja pelo diagnóstico realizado por meio de dinâmicas e instrumentos que permitiram colher informações, percepções e expectativas de professores e alunos.

5.2.3. Coordenação de Projetos: Núcleo de Desenvolvimento e Inovação Aplicados

A coordenação do Núcleo de Desenvolvimento e Inovação Aplicados surgiu pela percepção de que as diferentes iniciativas de desenvolvimento profissional, implementadas pelo Colégio, não necessariamente implicavam novas práticas em sala de aula. Em síntese: o fato de o professor conhecer não significa que ele irá aplicar esses novos conhecimentos em suas experiências cotidianas em sala de aula. Portanto, a expectativa para essa coordenação é que fossem desenvolvidos indicadores para que a qualidade do desenvolvimento profissional pudesse ser medida nas práticas e iniciativas de sala de aula.

O Núcleo de Desenvolvimento e Inovação Aplicados passou por modificações não tendo a atual configuração, mas mantendo-se os conceitos originais de que o desenvolvimento profissional, visto como corresponsabilidade entre a escola e os educadores, precisa ser pensado desde a sua concepção, com a implementação dos conhecimentos em sala de aula, de maneira clara e estruturada.

Em 2019 a carga horária de 48 horas destinada à Coordenação de Projetos foi redistribuída entre três pessoas, ampliando a dedicação das mesmas.

Além da dimensão colaborativa dos sujeitos do currículo, professores e alunos, esse processo foi orientado por questões propostas pela gestão escolar:

- Por que o que é interessante na escola geralmente está no contraturno, ficando a aula da mesma forma?
- Como implementar propostas curriculares inovadoras em horário regular?
- Como investir em diferentes agrupamentos de alunos?
- O que o aluno estará fazendo na sua aula?

Cabe ressaltar que, ao longo dos anos, a escola vem estabelecendo diferentes canais de interlocução com as famílias. Um deles se dá por uma atividade realizada desde agosto de 2012: o Encontro com a Direção. Uma vez ao mês, os pais são convidados a participar de um encontro com a Diretora Geral e os Diretores de cada Unidade, para tratar de temas complexos sobre educar filhos e alunos. Em geral, são enviadas sugestões de pequenos textos e/ou vídeos para subsidiar a reflexão. Mais do que um encontro com a direção, esta dinâmica traduz-se num encontro entre pais, estes de diferentes fases da vida, com filhos de diversas idades. Alguns temas tratados nesses encontros são ampliados em outro evento, noturno, com a participação de especialistas.

A riqueza de experiências, que surge de diferentes configurações de famílias, assim como valores e expectativas dos pais quanto à educação de seus filhos e quanto à atuação da escola, traduz-se numa excelente oportunidade de aprimoramento institucional. Primeiro porque os pais estabelecem um relacionamento com a escola, de certa forma distanciado de conflitos ou problemas. Eles vêm para pensar educação e, nesse processo reflexivo, desenvolvem um olhar mais qualificado sobre o trabalho da escola e, ao mesmo tempo, manifestam suas inquietações, expectativas e sugestões. A gestão, por sua vez, tem a possibilidade de compartilhar a visão e o trabalho da escola sobre os mais variados temas, mostrando que, enquanto ambiente coletivo, que pretende formar cidadãos, não tem como atender, por completo, expectativas individuais de cada família. Estabelece-se, portanto, oportunidade de se trabalhar o currículo e a identidade da instituição. O encontro tem apenas duas regras: respeitar as ideias e não falar de questões pessoais. Como possibilidade de continuidade aos temas, são registradas as reflexões no blog da escola, no site[11]. O último encontro do ano é destinado ao aprimoramento do trabalho da escola, procurando identificar conquistas, desafios e sugestões na perspectiva dos pais.

Tendo explicitado o recorte histórico, o contexto, a mudança de estrutura que abriu possibilidade para desenvolver novas propostas curriculares, contemplando alunos, professores e pais, propõe-se, a seguir, a apresentar as principais inovações em desenvolvimento na escola.

5.3. Janelas de oportunidades

O termo "janelas de oportunidades" foi escolhido pela gestora no sentido de sinalizar que a escola estava se abrindo, concretamente, para uma organização que permitisse novas experiências pedagógicas para professores e alunos. Foram criados novos agrupamentos de alunos numa mesma série, permitindo-lhes ampliar sua experiência de convivência cotidiana com mais de uma turma. Ao mesmo tempo, para os professores, por meio de uma organização do horário escolar, foram criadas possibilidades efetivas de se trabalhar a interdisciplinaridade, criando-se os chamados módulos interdisciplinares. A proposta ainda prevê a possibilidade de desenvolver melhores condições para o aprendizado de Línguas Inglesa e Espanhola.

---

[11] Disponível em: http://www.crb.g12.br/blogcrb/. Acesso em: 12 jul. 2019.

Usualmente, no currículo brasileiro, ao longo da escolarização, os alunos integram uma turma específica. Suas rotinas se estruturam em torno dessa experiência e, em muitos casos, instituições preservam o mesmo agrupamento de alunos nas mesmas turmas ao longo de vários anos.

A organização curricular concebida para o ano de 2018 propôs que os alunos de um mesmo ano, do 6º ao 9º ano do Ensino Fundamental, tivessem, ao longo da semana, de dois a três agrupamentos diferentes. Nesse sentido, as turmas são heterogêneas. Entretanto, no trabalho com Línguas Estrangeiras, buscou-se organizar os alunos em turmas mais homogêneas em termos de proficiência linguística, sem necessariamente caracterizar divisão dos alunos por níveis. Por exemplo: alunos alocados, originalmente, em três turmas de 9º ano (9A1, 9A2, 9A3) foram reorganizados em turmas 9A21, ou 9A22, ou 9A23 em função de maior homogeneidade em proficiência na Língua Inglesa. Foram, ainda, reorganizados em turmas 9A31, 9A32 e 9A33 em função de maior homogeneidade em proficiência na Língua Espanhola.

Ampliam-se, portanto, as oportunidades de relacionamento entre os alunos, experimentando diferentes agrupamentos e diferentes oportunidades de aprendizado. Para os alunos, agrupamentos diversos, numa primeira fase, horizontal. Para os professores, abriram-se as janelas de oportunidades para o trabalho interdisciplinar. Cada ano do Ensino Fundamental II tem três turmas, o que possibilitou, a partir da organização do horário escolar, a criação de módulos interdisciplinares.

Os alunos do 9º ano estão organizados em três grupamentos: grupamento 1, grupamento 2, grupamento 3.

Quadro 2 – Exemplo de um dia de aula de turmas do 9º ano do Ensino Fundamental

	GRUPAMENTO 1			GRUPAMENTO 2			GRUPAMENTO 3		
quarta-feira	9A01	9A02	9A03	9A21	9A22	9A33	9A31	9A32	9A33
1ª aula				ING	QUI	FIS			
2ª aula				FIS	ING	QUI			
3ª aula				QUI	FIS	ING			

4ª aula							HIS	GEO	ESP
5ª aula							ESP	HIS	GEO
6ª aula							GEO	ESP	HIS
7ª aula	MAT	POR	LIT						

Fonte: Adaptado do horário escolar de 2019 das turmas do 9º ano

Os professores de Inglês (ING), Física (FIS) e Química (QUI) estão, no mesmo momento, dando aula para os 9ºˢ anos. Segundo um planejamento interdisciplinar, os três professores podem, nesse mesmo dia, ocupar as três aulas de formas diferenciadas. Podem, por exemplo, ter uma atividade no teatro com as três turmas juntas na primeira aula e, na segunda e terceira aulas, podem realizar uma atividade de reflexão e fechamento do tema estando nas suas respectivas salas. Por se tratar de uma mesma atividade, os três professores podem circular entre os três grupos. Abre-se, portanto, espaço para a docência compartilhada. O planejamento pode envolver dois, três ou quatro componentes curriculares.

Por outro lado, caso os professores decidam trabalhar individualmente, o horário permite que atuem dessa forma, dando aula em cada uma das turmas organizadas pela nova numeração. Ao final de três aulas, o professor atuou com todos os alunos daquele ano, embora organizados em outros agrupamentos. Essa mudança estrutural abriu condições, no horário regular de aulas, para que fossem realizadas vivências interdisciplinares entre alunos e professores. Ao mesmo tempo, buscou respeitar os diferentes momentos dos professores. Nesse sentido, o nome "janelas de oportunidades" pareceu adequado, pois se abriam, de fato, novas oportunidades curriculares.

Quadro 3 – Organização das turmas do Ensino Fundamental 2

Ano	TURMAS A1, A2, A3	TURMAS A21, A22, A23	TURMAS A31, A32, A33
6º	Matemática, Língua Portuguesa, Ciências, Redação, Espanhol, Educação Física, Cotidiano em Questão	Inglês História Geografia Artes	
7º	Matemática, Língua Portuguesa, Ciências, Redação, Espanhol, Educação Física, Cotidiano em Questão	Inglês História Geografia Artes	
8º	Matemática, Língua Portuguesa, Ciências, Educação Física, Cotidiano em Questão	Inglês História Geografia	Espanhol Redação Artes Jovem em Perspectiva
9º	Matemática, Língua Portuguesa, Redação, Ciências, Educação Física	Inglês Física Química Biologia	Espanhol História Geografia Artes

Fonte: Adaptado do horário escolar de 2019 das turmas do 9º ano

No 6º e 7º anos do Ensino Fundamental entendeu-se não ser necessário organizar as turmas pela proficiência na Língua Espanhola, uma vez que os alunos, em sua maioria, estavam no início do contato com essa língua. No caso do Inglês, os alunos têm experiências diversas de exposição à língua, sendo necessário organizá-los em turmas mais heterogêneas.

Em artigo registrando suas experiências com módulos interdisciplinares no 8º ano do Ensino Fundamental, Cafazzo, Martins e Lenzini (2018) destacam que a implantação das "janelas de oportunidades" para o trabalho interdisciplinar viabilizou novas formas de viver e construir o currículo: "Essa seria a nossa oportunidade de tirar do papel e pôr em prática muito do que, até então, ficava na conversa." (CAFAZZO; MARTINS; LENZINI, 2018, p.140)

Com base na motivação e no trabalho colaborativo das professoras, foi implementada, em 2018, uma proposta desenvolvida ao longo de um bimestre, envolvendo História, Geografia e Inglês, tendo como objetivo que os alunos pudessem simular a assembleia do Segundo Congresso da Filadélfia, relacionada ao processo de independência dos Estados Unidos. A simulação com os alunos foi organizada em três delegações: Virgínia, Nova Jersey e Pensilvânia que utilizaram os conhecimentos das áreas envolvidas para desenvolver habilidades como oradores, redatores e mediadores. Na avaliação das professoras: "Esse projeto nos trouxe a sensação de maior aproveitamento e produtividade das aulas, com a participação massiva dos alunos, se colocando de forma crítica diante do debate" (CAFAZZO; MARTINS; LENZINI, 2018, p. 143).

As experiências vivenciadas a partir da implantação das "janelas de oportunidades" foram diversas e a adesão ao desafio foi parcial e de diferentes maneiras. Entretanto, destaca-se que essa iniciativa abriu, de pronto, condições para quem já havia vislumbrado desenvolver abordagem interdisciplinar.

> Construindo dia a dia o Bloco de Linguagem e Humanidades, podemos ver o projeto do Segundo Congresso da Filadélfia como um primeiro ensaio das infinitas possibilidades encontradas nesta nova configuração de aulas e na interdisciplinaridade. Acreditamos que o diálogo entre os professores, o tempo de planejamento e a troca de ideias e experiências são os pilares principais para sustentar as janelas que se abrem para o novo, em uma paisagem que vislumbra o compartilhamento, a diversidade e a criatividade. (CAFAZZO; MARTINS; LENZINI, 2018, p. 143)

Nesse sentido, a despeito de todos os desafios que surgiram, assim como elementos de aprimoramento das experiências implementadas, foram realizadas ações concretas com vistas a uma visão mais integradora do conhecimento escolar, sob a perspectiva de diferentes disciplinas, utilizando-se metodologias ativas, possibilitando que professores e alunos vivessem novos ciclos de aprendizado.

5.4. Novos componentes curriculares

A publicação da Lei nº. 13.415/17 alterou a Lei de Diretrizes e Bases da Educação Nacional (LDB), instituindo o Novo Ensino Médio. A ideia de flexibilidade curricular e itinerários formativos passou a fazer parte da discussão de inovação curricular. Um cenário de indefinições quanto à Base Nacional Comum Curricular do Ensino Médio, publicada apenas em dezembro de 2018; o próprio desenho do Novo Ensino Médio e as indefinições quanto aos processos seletivos para o Ensino Superior fizeram com que o trabalho fosse mais conservador nesse segmento.

Além disso, a escolha dos itinerários formativos no Ensino Médio demanda um jovem com repertório de conhecimentos e vivências com consciência sobre seus possíveis talentos e vocações. Em síntese: para escolher é preciso conhecer. Nesse sentido, o grupo responsável por pensar o currículo flexível voltou-se para o Ensino Fundamental II, a fim de redesenhar esse segmento. Como parte desse processo, foram implementados, em 2018, dois novos componentes curriculares que, em dimensões diferentes, trouxeram, também, abordagem interdisciplinar.

5.4.1. Cotidiano em Questão – CoQuest

Componente Curricular, do 6º ao 8º ano do Ensino Fundamental, como o próprio nome diz, procura investigar o cotidiano sob três perspectivas: Ciências Humanas, Ciências da Natureza e Cultura *Maker*. Concebido, planejado e implementado por professores dessas três áreas, traz temas ligados à sustentabilidade, empreendedorismo e direitos humanos. Contemplou, para ser concebido, a escuta de um conjunto de alunos do 5º ao 9º ano do Ensino Fundamental e do Ensino Médio, conforme mencionado anteriormente.

Nas palavras de Han e Santos (2018), coordenadores de projetos, responsáveis pelo currículo e professores do CoQuest:

> Foi preciso "pensar fora da caixa", romper com determinadas estruturas e convicções. Precisávamos discutir assuntos do cotidiano, na perspectiva de um olhar curioso, que busca solucionar problemas e também, de certa maneira, criar conexões entre os assuntos que seriam trabalhados, demonstrando que o conhecimento se articula de maneira decisiva. (HAN; SANTOS, 2018, p. 130)

Blikstein e Worsley (2016), resgatando as raízes do Movimento *Maker*, identificam quatro elementos da cultura de aprendizagem que devem ser construídos a partir dos "espaços *maker*". O primeiro deles é transpor da cultura "*hacker*", que pressupõe a livre exploração dos recursos, para a cultura da aprendizagem, sistematizada, prevendo evolução da experiência *maker* que possa incluir todos os alunos, sem expô-los a frustrações em excesso, que não supervalorize o erro, mas sim a compreensão do mesmo para superá-lo e que promova a autoavaliação além da zona de conforto dos alunos. O segundo elemento é da cultura do mercado de trabalho para a cultura do letramento. Não se trata de promover as carreiras do denominado grupo STEM (Ciência, Tecnologia, Engenharia e Matemática) e sim o letramento em STEM, como uma lente que ajuda a interpretar e a intervir no mundo. O terceiro elemento é da "cultura do chaveiro" para a cultura de projetos profundos, sinalizando que a facilidade de produção por meio de fabricação digital favorece a criação de projetos muito simples, pouco desafiadores, como imprimir chaveiros em impressora 3D. A cultura de projetos profundos pode ser fomentada, por exemplo, se há o envolvimento de várias disciplinas no processo de fabricação digital e se as diferentes etapas deste podem ser disponibilizadas como recursos educacionais abertos. O quarto e último elemento diz respeito à transição da cultura do produto para a cultura do processo, procurando identificar processos e métodos adequados para avaliar as diferentes etapas do projeto.

Para Blikstein e Worsley (2016), a cultura e o movimento *Maker* devem estar a serviço da equidade, sendo oferecidos para todos, nos sistemas público e privado.

A ampliação do conceito de movimento *Maker* para cultura *Maker* veio ao encontro do currículo que se pretendia buscar.

> A chamada cultura *maker* permite abordagens educacionais que estimulam a criatividade e a inventividade, facilitando a aprendizagem e a construção de um currículo mais orgânico e menos pautado em simples conteúdos. Agilidade e cooperação, bem como o trabalho em equipe, são fundamentos importantes para a construção desse aprendizado. Acreditamos que, dessa forma, a construção do conhecimento pode se dar de maneira mais democrática e que os alunos possam estabelecer uma relação de maior comprometimento com seu aprendizado. (HAN; SANTOS, 2018, p. 133-134)

Para desenvolver a proposta, foram escolhidos professores talentosos de História, Geografia, Biologia, Física, Química e Tecnologia que, motivados pelos desafios, poderiam contribuir para o desenvolvimento e implementação do novo componente.

Na sequência, o Quadro 4 mostra os temas trabalhados do 6º ao 8º ano do Ensino Fundamental, com a frequência de duas aulas semanais, sendo que, a cada bimestre, as turmas teriam aula com um professor de cada uma dessas áreas: Ciências Humanas, Ciências da Natureza e Cultura *Maker*. O quarto bimestre foi destinado ao que foi chamado de síntese. Essa divisão de 2018, com a síntese no 4º bimestre foi a experiência que gerou a ideia dos novos ciclos em 2019.

Quadro 4 – Temas trabalhados em 2018 pelo componente Cotidiano em Questão

COTIDIANO EM QUESTÃO 6º ANO	*Do que é feito o nosso planeta?* *Existem outros planetas?* *Poderíamos encontrar ou "criar" uma "nova Terra"?*
Cultura *Maker*	Construção de instrumentos, ambientes e simulações (*Minecraft*)
Ciências Humanas	Olhar para o céu... *do que é feita a Terra?* Olhar para si... *do que é feito o homem?*
Ciências da Natureza	Composição e decomposição das coisas *O que estamos fazendo com nosso planeta?*

COTIDIANO EM QUESTÃO 7º ANO	*O mundo é aquilo que vemos? Você tem certeza daquilo que vê? Podemos ver mais (perto, longe, nítido, detalhado, etc.)?*
Cultura *Maker*	Instrumentos científicos Ótica e suas ilusões
Ciências Humanas	Renascimento científico Relatos dos viajantes (Oriente/Novo Mundo)
Ciências da Natureza	Questões micro-macro Observações da natureza: ótica e botânica

COTIDIANO EM QUESTÃO 8º ANO	Nosso planeta suporta(rá) nossa população? O crescimento de uma população pode e/ou deve ser controlado?
Cultura *Maker*	Antropoceno Gapminder - simulador de estatística
Ciências Humanas	Controle populacional (perspectiva histórica) Gestão dos Estados nacionais Análise de dados estatísticos
Ciências da Natureza	Controle populacional (perspectiva científica) Análise de dados estatísticos

Fonte: FRSP (2018)

Em registro sobre a experiência vivida, Han e Santos (2018) destacam uma utilização mais orgânica e menos tradicional de espaços já instituídos na escola, por exemplo, os laboratórios, "[...] permitindo uma maior flexibilidade nas aulas, com roteiros mais dinâmicos e alinhados à proposta pedagógica e aos usos, interesses dos alunos" (HAN; SANTOS, 2018, p. 132).

As experiências curriculares dos professores e alunos foram diferentes das vividas até então, pois o componente tem caráter interdisciplinar e, na forma de trabalhar, em cada bimestre os alunos realizaram o trabalho com uma das áreas, ficando o quarto bimestre para o que foi chamado de síntese. Todos os alunos viveram o mesmo processo, mas em tempos diferentes do ano letivo e na oportunidade da síntese puderam escolher qual área explorar com mais profundidade.

5.4.2. Jovem em Perspectiva

Criado para o 8º ano, como um componente curricular, parte do Módulo Interdisciplinar, integrando a área de Linguagens e Humanidades, composta também por Espanhol, Redação e Artes. Segundo o Plano Escolar 2019 do Colégio Rio Branco:

> [...] numa fase em que os alunos estão vivendo os questionamentos, dilemas e inquietações da adolescência e estarão expostos a desafios e escolhas, esse componente curricular pretende trazer, dentre outros, temas como sexualidade, drogas, cultura da vaidade e consumo, redes sociais, distúrbios alimentares, identidade e projetos de vida. (FRSP, 2019, p. 8)

Os critérios que pautaram a escolha dos professores para desenhar e implementar esse novo componente foram: interesse por desenvolvimento da proposta, bom relacionamento com os alunos, disponibilidade, segurança e disponibilidade para lidar com temas complexos e sensíveis aos adolescentes, serem pessoas criativas para buscar formas de promover o diálogo e mediar reflexões consistentes entre os jovens. Uma das professoras escolhidas é de Língua Portuguesa que atua, também, com Língua Portuguesa como Segunda Língua para Surdos na escola. A outra tem sua formação na área de Biologia e Ciências.

Nas palavras das professoras, a respeito de suas experiências no primeiro semestre de 2018, Demarche e Império (2018) apresentam a dinâmica do trabalho desenvolvido, partindo sempre de análises de situações reais alinhadas aos temas:

> A partir de pesquisas, leituras e reflexões, os alunos têm a oportunidade de acessar diferentes pontos de vista a respeito dos assuntos abordados. São motivados a se colocar no lugar do outro e a discutir implicações, responsabilidades e consequências advindas de suas escolhas, sejam elas individuais ou coletivas. (DEMARCHE; IMPÉRIO, 2018, p. 46)

Com temas que abordam imagem, consumo, *bullying*, projeto de vida, sexualidade, drogas, dentre outros, o componente pretende trazer luz para dilemas da juventude, contribuir com a reflexão sobre si e sobre os pares e "ajudar os jovens a se fortalecerem para fazerem boas escolhas".

5.5. Sala de aula ressignificada

5.5.1. A ruptura com o espaço tradicional da sala de aula

Os novos componentes curriculares implementados em 2018 alavancaram experiências de diferentes arranjos dos alunos nos espaços das salas de aula, seja porque outros espaços físicos da escola - como corredores, pátio, quadras, jardins - foram ocupados, seja pela utilização de diversas tecnologias. Ainda assim, percebia-se, no decorrer de outras aulas, a predominância das aulas com os alunos enfileirados. Esse esforço de incentivar novas práticas em sala de aula não é recente. Desde 2011, vinha-se sinalizando, por diferentes caminhos, que o arranjo conhecido de sala de aula, com os alunos perfilados, olhando para a lousa e para o professor, não era compatível com propostas curriculares que pressupõem metodologias mais ativas, em que os alunos devem estar mais engajados no processo de aprendizagem.

Ao caminhar pelos corredores e observar as salas de aula, a gestora verificava que, na maioria das ocasiões, as salas permaneciam na configuração de alunos perfilados, o que remetia a um tipo de aula e um tipo de relação professor-alunos e alunos-alunos, bastante conhecidas e limitadoras para um processo de implantação de metodologias mais ativas. O paradigma da sala de aula com os alunos perfilados é tão consolidado que era quase natural que todos se mantivessem nesse formato, ainda que várias oportunidades de reflexão e de desenvolvimento profissional fizessem parte da rotina dos professores, inclusive de demanda, por parte da instituição.

No movimento de provocar reflexões e mudanças no processo de ensino, afastando-se da perspectiva mais tradicional, desde 2015, nas oportunidades dos Encontros de Planejamento, que ocorriam antes do início do ano letivo, a gestão lançava anualmente a questão provocativa: "o que o aluno estará fazendo?" (na aula), na busca de repensar a dinâmica de sala de aula e estimular a participação, o engajamento e o comprometimento do aluno com sua aprendizagem. Precisava-se encontrar um caminho para que, cada vez mais, as salas de aula, em seu sentido mais amplo, pudessem ser a concretização desse currículo em evolução.

Tendo entendido que, a despeito de diversas iniciativas terem sido tomadas, era forte a tendência de permanecerem as salas no modelo tradicional, gestores, coordenadores pedagógicos e coordenadores de projetos concordaram que seria necessário tomar a decisão, em caráter institucional, de que a partir de 2019 não haveria mais salas de aulas com os alunos perfilados, exceto em momento de avaliações individuais. A decisão institucional buscou ir além das práticas individuais daqueles professores que estão à frente de seu grupo e que estão motivados com a busca de diferentes caminhos para suas práticas.

Esses integrantes da equipe são fundamentais, pois atuam como alavancas para o processo de mudança. Essa disponibilidade para tentar, para ousar, quando bem aproveitada pela gestão, traz retorno ao processo, o aprimora e mostra novas possibilidade para o trabalho. Entretanto, para se obter impacto é necessário que um grupo maior (se não a totalidade dos professores) esteja envolvido com o processo de mudança. Cabe ressaltar que a nova organização espacial não implica, necessariamente, em novas práticas. Entretanto, do contrário, nas salas de aula com os alunos perfilados, dificilmente as práticas se alterariam significativamente. Se no primeiro caso não se teria certeza de que haveria inovação, no segundo caso era praticamente certeza de que não haveria inovação.

A organização espacial de alunos perfilados não é característica da Educação Infantil e séries iniciais do Ensino Fundamental. Entretanto, observou-se que, à medida que o processo de escolarização avança, as crianças são organizadas dessa forma, chegando ao Ensino Médio com esse modelo estabelecido. Essa constatação não significava que não havia iniciativas com diversos arranjos de alunos, no entanto, elas eram menos frequentes que o arranjo dos alunos perfilados. Trata-se, portanto, de uma mudança sistêmica a ser vivida, mesmo que em diferentes estágios, em todas as salas de aula, por todos os sujeitos do currículo.

A definição institucional contribuiu para que o paradigma instaurado se rompa. É esperado que, nesse processo, haja professores em diferentes momentos de engajamento, repertório metodológico, disposição para a mudança e facilidade com o uso e adoção de Tecnologias Digitais de Informação e Comunicação (TDIC) à sua prática.

À demanda instaurada - o desafio - veio a necessidade de se dar continuidade ao desenvolvimento de pessoas. Para apoiar essa decisão, foram utilizadas reuniões noturnas entre professores, coordenadores de área e coordenadores pedagógicos, nas quais foram explorados diferentes arranjos de sala de aula, suas aplicações e características, com foco em metodologias ativas. A partir desses encontros de formação, foram implementadas práticas em sala de aula, as quais, em momentos específicos, foram compartilhadas entre os professores. A área de Matemática, por exemplo, discutiu sua experiência com a prática pedagógica "ensino híbrido".

A experiência de implantação de novos componentes curriculares em 2018 e a busca de práticas que "transbordassem" a sala de aula, ocupando espaços como corredores, pátios, rampas, jardins, trazia para o currículo a vivência em ambientes flexíveis de aprendizagem, dentro e fora da escola. Flexíveis porque a própria sala de aula pode ter diferentes organizações espaciais e acolher diferentes práticas pedagógicas e porque diversos ambientes, presenciais e virtuais, podem se configurar em sala de aula, entendida aqui no seu sentido mais amplo.

Definir que, quando em sala de aula, os alunos deveriam estar em diferentes organizações espaciais foi mais um passo na concretização do processo de mudanças. Manteve-se a organização perfilada, como momento individual de trabalho, apenas em "provas oficiais", entendendo, inclusive, que os processos seletivos para universidades pressupõem essa organização espacial para parte das avaliações.

Figura 4 – Registro de aula realizada pelo professor

Fonte: Arquivo FRSP (2018)

A Figura 4 permite identificar uma dinâmica de sala de aula em que os alunos estão organizados em grupos e realizando atividades diferentes. Há movimento e ocupação dos alunos pelo espaço, seja em carteiras, seja no chão, seja utilizando o quadro e todos atuando em torno da tarefa solicitada, sinalizando engajamento. O espaço ressignificado da sala de aula se alinha a metodologias ativas, trazendo dinamismo ao trabalho pedagógico.

5.5.2. Retirada do sinal sonoro registrando a rotina escolar

O sinal sonoro para início e término de aulas, assim como intervalos entre elas, é algo bastante próprio do ambiente escolar. Desde o início de sua existência, o Colégio Rio Branco fazia uso do sinal sonoro para organizar seus tempos didáticos. Algumas instituições substituíram o sinal sonoro por música, mas, na verdade, a lógica continuou a mesma.

A pergunta que se fez foi: por que seria necessário o sinal?

Ainda que tenha duas unidades perfazendo um total de mais de 2 mil alunos e 250 professores circulando nos prédios, entendeu-se que essas mudanças curriculares seriam bem acompanhadas pela retirada do sinal sonoro. Ainda que os tempos didáticos estejam organizados em aulas, os módulos interdisciplinares poderiam ter seu tempo didático organizado em diferentes períodos dentro das três aulas consecutivas.

Assim foi feito. Iniciou-se o ano de 2018 sem o sinal sonoro organizando a rotina das aulas das duas unidades do Colégio Rio Branco com suas 24 turmas da Educação Infantil ao 1º ano do Ensino Fundamental e 65 turmas de alunos do 2º ano do Ensino Fundamental à 3ª série do Ensino Médio. Essa medida envolveu professores, inspetores e toda a equipe pedagógica, no sentido de preparar todos para a nova rotina.

5.6. Módulos Pré-Universitários e Estudos Internacionais

Mudanças curriculares significativas foram realizadas no Ensino Fundamental II, a partir de 2018. No Ensino Médio, por sua vez, foram definidos movimentos mais conservadores, em função de indefinições em termos de políticas públicas, tendo a BNCC desse segmento sido concluída em dezembro de 2018. No caso da comunidade de alunos da escola pesquisada, a imensa maioria tem expectativa de continuidade dos estudos no Ensino Superior, dentro e fora do Brasil.

Nesse sentido, a matriz curricular do Ensino Médio passa a ser orientada pelos principais processos seletivos ao Ensino Superior como Fuvest e Enem. Enquanto estes não se adequarem às mudanças da BNCC e do Novo Ensino Médio, deve-se ter cautela com o desenho curricular desse segmento. Ainda assim, na busca de experiências significativas que dialogassem com o Ensino Superior e pudessem contribuir para suas escolhas na próxima etapa, foram criados os Módulos Universitários, oferecidos aos alunos a partir do 1º ano do Ensino Médio, no contraturno, com duração de 10 aulas, 5 semanas, com pequeno custo adicional.

Ministrados por professores do Ensino Superior, pretendem ser uma experiência que coloque o aluno em contato com essa realidade, em diferentes áreas do conhecimento ou carreiras. A ideia é que eles possam, ao longo dos três anos, reunir diferentes certificados e construírem uma espécie de portfólio de sua trajetória formativa. Em 2019, os Módulos Universitários foram reorganizados em 6 horas/aula presenciais e 4 horas/aula a distância, num período de três semanas. Esse redesenho procura trazer mais atratividade aos alunos que têm muitas atividades no contraturno.

Cursos oferecidos: *Personal Branding*; Relações Internacionais: cenários globais e conflitos; *You.novation*; Construção do Pensamento Econômico; Educação Financeira e a Relação com o dinheiro; Direito: noções jurídicas e júri simulado e Cidades Criativas: projetando Cotia do Futuro.

Na perspectiva da dimensão internacional do currículo, desde 2014 os jovens têm a possibilidade de participar de programas de estudos fora do país, organizados nos períodos de férias escolares de maneira que possam ter experiências pré-acadêmicas, de intercâmbio, sem comprometer o currículo brasileiro.

São oferecidos dois programas: no primeiro deles, denominado *Leadership and Science Camp*, os alunos passam cerca de duas semanas conhecendo o estilo de vida acadêmico, com aulas na Universidade de Bentley e workshops na Universidade de Harvard e visitas aos laboratórios do *Massachusetts Institute of Technology* (MIT). O segundo, da *Operation Wallacea*, promove pesquisa ambiental e de conservação em diferentes localizações. Pelo terceiro ano consecutivo alunos realizam, também num período de duas semanas, pesquisa terrestre e marinha na África do Sul. A fim de dar suporte à aplicação do aluno em universidades internacionais, foi criada a área de Estudos Internacionais, que oferece orientação, mentoria, palestras, simulações, projetos, além de colaborar nos processos de exames e preenchimentos de documentação.

5.7. BNCC no contexto de mudança

Embora o processo de implantação da Base Nacional Comum Curricular (BNCC) da Educação Infantil e do Ensino Fundamental tenha um prazo previsto até 2020, na escola em análise foi tomada a decisão de implantá-la em 2019. A decisão foi tomada em agosto de 2018, a partir da análise vertical, realizada pelas coordenações de área, procurando identificar impactos e possibilidades que surgiam com essas novas referências curriculares.

Após a apresentação dos grupos organizados em Linguagens, Matemática, Ciências da Natureza e Ciências Humanas ficou claro que as propostas ali contidas conversavam com o que a escola vinha fazendo e que teria sentido dar o passo na direção de implantá-la por completo, fazendo adaptações necessárias. Cabe destacar a importância da integração vertical entres as Coordenações de Área dos diferentes segmentos, somando saberes entre os especialistas, Coordenadores com formação predominante em Licenciaturas e os polivalentes, com formação originalmente em Pedagogia. Essa decisão institucional de implantar a BNCC já em 2019 foi tomada dada a sinergia da mesma com o processo de reformulação curricular em curso, mas, acima de tudo, dada a segurança da gestora de que os professores, com apoio do Núcleo Técnico Pedagógico, estavam preparados para mais esse desafio. Não havia por que esperar mais um ano para fazer os ajustes necessários. A decisão, relativamente arrojada, veio acompanhada de uma segunda orientação: que o material didático para o primeiro ano de implantação fosse o mais conservador possível, uma vez que o mercado editorial estava num movimento frenético de produzir materiais alinhados à BNCC e, como não estavam à disposição para análise criteriosa dos professores, corria-se o risco de se fazer escolhas frágeis. A mudança de material para o ano de 2019 seria tratada como exceção e validada pela gestão após devida justificativa.

Tendo apresentado os principais elementos de inovação curricular em desenvolvimento na escola foco da pesquisa, pretende-se, no capítulo a seguir, explorar as ações relativas à reorganização dos tempos do ano letivo e da avaliação.

CAPÍTULO 6
REORGANIZAÇÃO DOS TEMPOS DO ANO LETIVO E DA AVALIAÇÃO

Usualmente, no Brasil, os 200 dias letivos obrigatórios podem ser distribuídos em bimestres ou trimestres. A instituição já havia adotado, ao longo de sua história, as duas formas de organização, tendo identificado que, no atual contexto, nenhuma delas atendia às demandas identificadas. Bimestres são considerados ciclos avaliativos muito curtos, com menor aproveitamento no segundo semestre e na finalização do ano letivo. Por outro lado, trimestres são considerados muito longos e têm ruptura importante de 30 dias para férias dos professores, compulsória para o mês de julho em escolas privadas de São Paulo.

A busca para resolver essa equação levou a gestão a lançar a seguinte questão ao Grupo de Inovação Curricular: por que os ciclos precisam ter a mesma duração?

A partir dessa questão, foi implementada, em 2019, uma nova organização do ano letivo, com as seguintes características: divisão em quatro ciclos sendo três deles denominados Ciclos Fundamentais (C1, C2, C3), de duração de aproximadamente 11 ou 12 semanas, e um último ciclo, denominado de Síntese (C4).

Segue uma comparação entre os períodos letivos com suas diferentes organizações:

Quadro 5 – Comparativo – períodos letivos

A. Dividido em 4, denominados bimestres

ANO LETIVO					
BIMESTRE 1	BIMESTRE 2	FÉRIAS	BIMESTRE 3	BIMESTRE 4	RECUPERAÇÃO FINAL (RF)

B. Dividido em três meses, denominados trimestres

ANO LETIVO					
TRIMESTRE 1	TRIMESTRE 2	FÉRIAS	TRIMESTRE 2	TRIMESTRE 3	RECUPERAÇÃOFINAL (RF)

C. Dividido em quatro Ciclos de Aprendizagem, conforme descrito no Plano Escolar

ANO LETIVO					
CICLO 1 (C1)	CICLO 2 (C2)	FÉRIAS	CICLO 3 (C3)	CICLO 4 (C4)	RECUPERAÇÃO FINAL (RF)
FUNDAMENTAIS				SÍNTESE	

Fonte: FRSP (2019, p. 16)

Como ilustra o Quadro 5, respeitando as especificidades de cada faixa etária, os Ciclos Fundamentais (C1, C2 e C3) têm proposta, duração e estrutura avaliativa semelhantes.

O Ciclo Síntese (C4), de menor duração e estrutura avaliativa específica, atende a diferentes demandas de aprendizagem, assim como interesses dos alunos. Trata-se, portanto, de uma prática de "personalização da aprendizagem".

6.1. Nova estrutura do sistema de avaliação

A nova organização dos períodos envolveu, também, uma diferente organização da avaliação entre os Ciclos Fundamentais (C1, C2 e C3) e o de Síntese (C4).

6.1.1. Ciclos Fundamentais

No sistema de avaliação o aluno poderá obter até 100 pontos. A instituição utiliza o sistema de pontos desde 2011, entendendo que o mesmo estabelece a lógica de somar pontos durante o seu período avaliativo. Uma parte dos pontos se dá pelos denominados Trabalhos Cotidianos (TC). Estes compõem a maior parte da nota a partir da 3ª série do Ensino Fundamental, passando, gradativamente, a uma menor parte, à medida que o aluno avança na escolarização.

As séries iniciais não utilizam notas e sim menções, sendo os alunos aprovados por progressão continuada.

As provas são divididas em Prova Unificada (PU) e Prova Teste (PT), também com diferentes composições, em função da faixa etária do aluno.

Para se extrair a Nota do Ciclo, NC, divide-se os pontos por 10.

Quadro 6 – Composição da nota dos Ciclos Fundamentais (C1,C2,C3)

ANOS	TRABALHOS COTIDIANOS (TC)	PROVAS (P) (PT + PU) Prova Teste (PT)	Prova Unificada (PU)	TOTAL	NOTA DO CICLO (NC)
9º	20	40	40	100	
8º	20	40	40	100	
7º	25	35	40	100	
6º	30	30	40	100	$NC = \dfrac{TC+P}{10}$
5º	30	20	50	100	
4º	50		50	100	
3º	60		40	100	
2º	MENÇÕES				
1º					

Legenda:
TC = Trabalhos Cotidianos
P = Provas
PT = Prova Teste

PU = Prova Unificada
NC = Nota do Ciclo
Fonte: Baseado no Plano Escolar – Unidade Granja Vianna (FRSP, 2019, p. 19)

No Ensino Médio, conforme Quadro 7, os pontos de provas são constituídos pela Prova Unificada (PU), pela Prova Teste (PT) e pelos Simulados (S1 e S2). São adicionados simulados do Enem e da Fuvest às provas.

Quadro 7 – Composição da nota dos Ciclos Fundamentais (C1, C2 e C3) do Ensino Médio

ENSINO MÉDIO - CICLOS FUNDAMENTAIS (C1, C2 e C3)							
SÉRIE	TC	PROVAS (P)				TOTAL	NOTA DO CICLO (NC)
		PT	PU	S1	S2		
3ª	0	Composição específica				100	$NC = \dfrac{TC + P}{10}$
2ª	10	40	40	5	5	100	
1ª	10	40	40	5	5	100	

Legenda:
TC = Trabalhos Cotidianos
P = Provas
PT = Prova Teste
PU = Prova Unificada
S = Simulados (S1, S2)
NC = Nota do Ciclo
P = PT + PU + S
Fonte: Baseado no Plano Escolar – Unidade Granja Vianna (FRSP, 2019, p. 19-20)

Considerando as especificidades dessa série no que se refere à terminalidade da Educação Básica e, ao mesmo tempo, o ingresso no Ensino Superior, foram delineados Ciclos de Aprendizagem alinhados a essas necessidades, considerando, inclusive, calendário específico para conciliar as avaliações de processos seletivos mais significativos como Fuvest e Enem.

Quadro 8 – Definição dos Ciclos Fundamentais da 3ª série do Ensino Médio

\multicolumn{8}{c}{3ª Série do EM - CICLOS FUNDAMENTAIS (C1, C2 e C3)}

CICLO	PROVAS (P)					TOTAL	NOTA DO CICLO (NC)
	PT	PT2	PU	S1	S2	S3		
1	30	30	20	20	-	-	100	
2	40	-	20	15	15	10	100	$NC = \dfrac{TC+P}{10}$
3	40	-	20	20	20	-	100	

Legenda:
P = Provas
PT = Prova Teste
PU = Prova Unificada
S = Simulados (S1, S2, S3)
NC = Nota do Ciclo
P= PT + PU + S

Fonte: Baseado no Plano Escolar - Unidade Granja Vianna (FRSP, 2019, p. 20)

6.1.2. Ciclo Síntese

Após terem percorrido os Ciclos Fundamentais, os alunos têm, no Ciclo Síntese (C4), a oportunidade de vivenciar experiências curriculares personalizadas, atendendo seus interesses e necessidades.

A partir dos resultados das Médias dos Ciclos Fundamentais (MCF), os alunos serão encaminhados para o Ciclo Síntese (C4), para realizar atividades diferenciadas considerando-se os seguintes critérios:

Se a média dos Ciclos Fundamentais for maior ou igual a 6,0, o aluno realizará atividades de **APRIMORAMENTO**.

Se a média dos Ciclos Fundamentais for menor que 6,0, o aluno realizará atividades de **CONSOLIDAÇÃO**.

O Ciclo 4, seja em Aprimoramento ou em Consolidação deve, como os demais Ciclos, compor até 100 pontos em atividades avaliativas que, divididos por 10, traduzem a Nota do Ciclo (NC).

Ao final dos Ciclos Fundamentais, o aluno poderá estar em Consolidação em alguns componentes e em Aprimoramento em outros. As atividades de Consolidação são definidas, na sua totalidade, pela escola. As atividades de Aprimoramento são oferecidas aos alunos a partir das faixas etárias, contemplando percursos de aprendizagem por eles definidos desde que o total de atividades componha os 100 pontos. Projetos interdisciplinares, apresentações e avaliações resultantes dessas atividades podem ser aplicados a mais de um componente curricular.

Além de a proposta considerar diferentes necessidades dos alunos, as escolhas trazem uma possibilidade de personalização da aprendizagem e, ao mesmo tempo, uma nova atuação para os professores que, além das aulas, atuarão como orientadores de projetos.

Embora o detalhamento do C4 ainda esteja em andamento pelo Grupo de Trabalho, o Quadro 9, extraído de slide de apresentação para compartilhar com a equipe da escola os detalhes do Sistema de Avaliação, exemplifica algumas possibilidades de escolha para os alunos.

Quadro 9 – Exemplos de possibilidades de configuração do Ciclo 4 (C4)

SÍNTESE - 100 PONTOS			
Projeto Interdisciplinar 1 *(60 pontos)*		Pesquisa individual 1 *(40 pontos)*	
Projeto Interdisciplinar 2 *(60 pontos)*		Apresentação Externa *(20 pontos)*	Apresentação no Encontro Cultural *(20 pontos)*
Iniciação Científica *(40 pontos)*	Qualificação por Banca *(40 pontos)*		Publicação *(20 pontos)*
Projeto Interdisciplinar 3 *(40 pontos)*	Desafios 1 *(20 pontos)*	Projeto associado à Olimpíada externa *(20 pontos)*	Tutoria *(20 pontos)*

Fonte: Adaptado de FRSP (2018, n.p.).

Essa proposta tem grande impacto na logística e organização da escola. A solução encontrada fez com que o horário das aulas não precisasse ser alterado nas cerca de 40 turmas do Ensino Fundamental II e do Ensino Médio. O Quadro 10 demonstra como um horário de aulas já estabelecido pode ser adequado às novas necessidades pedagógicas.

Quadro 10 – Exemplo da organização da escola a partir do horário existente das aulas

1ª Série do Ensino Médio - C4			
turma original	**1U1**	**1U2**	**1U3**
aula/atividade	Professor/aluno em Consolidação	Professor/aluno em Aprimoramento Salas Ambientes por área	
1	Matemática*	Geografia	Física
2	Geografia	Física	Matemática
3	Física	Matemática*	Geografia
4	História	Biologia	Química
5	Português	História	Biologia
6	Química	Português	História
7	Biologia	Química	Português

* Caso sejam necessárias mais do que uma turma de Consolidação, será utilizado o horário da turma 1U2.

Fonte: Elaborado pela autora (2019)

Projetando esse exemplo para todas as séries, a partir do 6º ano do Ensino Fundamental, há um número de professores dando aulas de Consolidação e um número de professores em Aprimoramento. Nas salas ambientes serão alocados os professores, organizados por grandes áreas: Ciências da Natureza, Ciências Humanas, Linguagens e Matemática. Cada professor, em horário de Aprimoramento, é orientador dos projetos envolvendo sua área, independentemente da turma para quem leciona. A definição das atividades do C4 dentro da área e a responsabilidade de todos pelas mesmas possibilita uma visão e uma experiência vertical do docente jamais experimentada, com essa amplitude, na escola. O professor atuará com alunos que são e que não são seus.

O foco dessa proposta é a aprendizagem, seja trazendo para o período regular um período de consolidação para aqueles que necessitam de mais tempo, seja para outras possibilidades de aprimoramento dos alunos, baseado em interesses diversos.

A composição da nota para os alunos em consolidação de aprendizagem será feita respeitando as características das diferentes faixas etárias e deve estabelecer coerência com os ciclos avaliativos anteriores.

Quadro 11 – Explicações da composição da nota de consolidação para o Ciclo 4 (Síntese)

ENSINO FUNDAMENTAL - CICLO 4 - SÍNTESE - CONSOLIDAÇÃO				
ANOS	TC*	PROVAS (P) / PT	TOTAL	NOTA DO CICLO (NC)
9º	40	60	100	
8º	40	60	100	
7º	40	60	100	
6º	40	60	100	$NC = \dfrac{TC + P}{10}$
5º	40	60	100	
4º	50	50	100	
3º	60	40	100	
2º / 1º	MENÇÕES			

ENSINO MÉDIO - CICLO 4 - SÍNTESE - CONSOLIDAÇÃO				
SÉRIE	PROVAS (P)		TOTAL	NOTA DO CICLO (NC)
	PT1	PT2		
3ª	COMPOSIÇÃO ESPECÍFICA		100	$NC = \dfrac{TC+P}{10}$
2ª	50	50	100	^
1ª	50	50	100	^

Legenda:
P = Provas
PT = Prova Teste (PT1, PT2)
TC* = Atividades Avaliativas
NC = Nota do Ciclo
Fonte: FRSP (2019)

Dada a natureza da 3ª série do Ensino Médio, que pressupõe o preparo para o acesso ao Ensino Superior, as ações de Aprimoramento estão voltadas para revisão de vestibulares e Enem.

Quadro 12 – Explicação da composição da nota de consolidação para o Ciclo 4 (Síntese) para a 3ª série do Ensino Médio

3ª SÉRIE DO EM - CICLO 4 - SÍNTESE								
ATIVIDADES	INSTRUMENTOS (I)						TOTAL	NOTA DO CICLO (NC)
	PT	REV1	REV2	S	P.A.		
CONSOLIDAÇÃO	20	20	20	40	-	100	$NC = \dfrac{I}{10}$
APRIMORAMENTO	-	20	20	40	20	100	^

Legenda:
P = Provas
PT = Prova Teste (PT1, PT2)
TC* = Atividades Avaliativas
S = Simulado (Enem)
I = Instrumentos
REV1 = Revisão Enem
REV2= Revisão Fuvest
P.A. = Percurso de Aprendizagem
NC = Nota do Ciclo
Fonte: FRSP (2019)

6.1.3. Recuperação Paralela: uma nova dimensão

A oportunidade de repensar o currículo trouxe à luz a questão do processo de recuperação da aprendizagem. Este foi dividido em três modalidades: a recuperação contínua, realizada na sala de aula; a recuperação paralela, realizada no contraturno; e a recuperação final, ao término do ano letivo para alunos que não obtiveram média igual ou maior do que 6,0.

Desde 2009 o Colégio organizou o Núcleo de Apoio, que reúne um conjunto de oportunidades para consolidar a aprendizagem ou extrapolá-la em novos interesses. Dentre elas estão: a utilização da plataforma Google *Classroom*, ambiente virtual, interativo e adaptativo, utilizado tanto para "reforço escolar" quanto para aprofundamento de conteúdos; plantões de dúvidas; apoio a grupos de estudo organizados por alunos; módulos optativos e Alinhamento Conceitual.

O Alinhamento Conceitual é realizado durante o C1 e tem o objetivo de oferecer suporte aos alunos que passaram de ano em Conselho de Classe, assim como para alunos ingressantes que apresentam dificuldades. De acordo com o Plano Escolar, "Tem o objetivo de ajudar o aluno a sanar suas dificuldades e evitar lacunas em sua aprendizagem. Contempla alunos de 6º ano do Ensino Fundamental à 2ª série do Ensino Médio." (FRSP, 2019). Para os alunos da 3ª série do Ensino Médio são oferecidos plantões de dúvidas.

A recuperação paralela, até o ano de 2018, culminava numa avaliação a ser realizada ao final do período avaliativo bimestral. Era constituída por uma prova que procurava avaliar os conteúdos mais relevantes do período anterior (duração de 1h40 minutos).

Em 2019, a recuperação paralela (R) passa a ser dividida em duas etapas: A e B, respectivamente. Concentra-se, cada etapa, num conjunto específico do conhecimento escolar, a ser trabalhado e avaliado. Cada Ciclo deve ter o conhecimento escolar dividido em: conteúdos essenciais, desejáveis e complementares. O processo de recuperação proposto distribui os conteúdos essenciais em dois blocos, A e B, para serem trabalhados e avaliados separadamente. Nesse sentido, acredita-se que os alunos terão mais tempo e mais foco para recuperar sua aprendizagem. Assim, ao invés de uma avaliação de 1h40, o aluno faz duas avaliações de 50 minutos cada.

Quadro 13 – Estrutura de recuperação oferecida ao longo dos Ciclos

ALINHAMENTO CONCEITUAL	R1			R2		APRIMORAMENTO E CONSOLIDAÇÃO*	
	A1	B1		A2	B2		
CICLO 1 (C1)	CICLO 2 (C2)		FÉRIAS	CICLO 3 (C3)		CICLO 4 (C4)	REC. FINAL (RF)
FUNDAMENTAIS						SÍNTESE	

*Atividades de Aprimoramento e Consolidação serão desenvolvidas no horário regular da aula, sendo oferecidos, no período da tarde, Plantões de Dúvidas.

Legenda:
R1 = Nota de Recuperação do Ciclo 1
R2 = Nota de Recuperação do Ciclo 2
A = Prova 1

B = Prova 2

R= A+B

Fonte: Baseado no Regimento Escolar (FRSP, 2018, n.p.)

    O conceito de aprimorar a aprendizagem do aluno se concretiza no C4, em que, em aula, o aluno com dificuldades se dedica à consolidação da aprendizagem, tendo no período do contraturno plantões de dúvidas à disposição, assim como os demais recursos do Núcleo de Apoio.

    A partir do detalhamento a respeito da nova organização dos tempos do ano letivo e da avaliação, juntamente com os demais elementos trazidos nos capítulos anteriores, pretende-se, a seguir, fazer a análise dos dados.

CAPÍTULO 7
ANÁLISE SOBRE INVARIANTES E SISTEMA DE AVALIAÇÃO

Propõe-se, a seguir, retomar as ações levantadas no processo de mudança da escola e fazer uma análise, à luz de três categorias dos invariantes do currículo, propostas por Barrera (2016): Tempo, Espaço e Relações de Saber. Com base no Quadro 1 em que a autora faz uma síntese sobre o que seria escola tradicional e o que seria escola não tradicional, a partir dos invariantes, pretende-se localizar os movimentos da escola.

A categoria Organização Escolar não foi foco desta pesquisa, concentrando-se em outros elementos como Tempo, Espaço e relação com o Saber. A categoria relação com o Poder, embora não tenha sido pesquisada, será abordada na refelxão sobre o processo decisório sob a ótica da gestão no capítulo 8, denominado "Gestão escolar e inovação curricular".

7.1. Categoria Tempo

Retomamos, a seguir, no Quadro 14, a categoria Tempo.

Quadro 14 – Categoria Tempo

Categoria	Escola tradicional	Escola não tradicional (inovadora)
Tempo	Grade horária, calendário escolar, seriação, idade biológica, horário rígido, fragmentado e predefinido.	Ritmo do aluno, horário flexível e adaptável, grandes ciclos ou períodos de formação, tempo livre.

Fonte: Adaptado de Barrera (2016, p. 136)

A escola guarda elementos da grade horária e cumpre o calendário escolar, atendendo especificidades da legislação brasileira. Entretanto, como pontuam Hernandez e Ventura (1998), foram realizadas algumas "transgressões" no currículo para acomodar as inovações.

A primeira delas, como se identifica no item "Janelas de Oportunidades", é quando, em 2018, por meio de uma logística de montagem de horário, possibilitou-se que o tempo de três aulas consecutivas pudesse ser redimensionado entre três professores, com as turmas de uma mesma série do 6º ao 9º ano do Ensino Fundamental. Tem-se, portanto, "2 horas e vinte minutos" para serem trabalhados de uma "nova maneira". Embora a forma como esse tempo didático esteja sendo utilizado pelos professores não seja homogênea, pois alguns deles o utilizam de forma convencional, com aulas mais expositivas, é importante ressaltar que, em termos de estrutura e de periodicidade, não é um arranjo eventual, uma vez que está inserido no horário escolar instituído. São inúmeras as possibilidades de utilização do tempo didático, com diversas estratégias de ensino e aprendizagem, contemplando vários arranjos de alunos e de divisão de trabalho entre os professores. Necessário se faz incentivar, demandar e dar suporte por meio de contínuo processo de desenvolvimento profissional, trazendo repertório teórico e incentivando o compartilhamento de práticas entre os pares, para que, cada vez mais, sejam implementadas novas propostas.

A segunda "transgressão" diz respeito à retirada do sinal sonoro de marcação dos tempos didáticos da rotina escolar como início e fim das aulas, assim como intervalos. Foi, também, um ato simbólico de mudança, uma vez que este estava instaurado desde a fundação da instituição, bem como um ritual já bastante conhecido na cultura escolar. Em função do grande número de turmas, professores e alunos, assim como de pessoas de outros setores da escola, por exemplo, inspetores, a gestão escolar como um todo identificou que a adaptação à retirada do sinal sonoro fosse mais simples do que o esperado.

A terceira diz respeito à divisão dos tempos do ano letivo, ocorrida em 2019, pois partiu do princípio de que os ciclos não precisavam ser todos de mesma duração e mesma natureza, como os conhecidos bimestres ou trimestres. A ruptura, nesse sentido, está em conceber quatro ciclos, sendo três de mesma duração e estrutura avaliativa, os denominados ciclos fundamentais (C1, C2 e C3), com duração entre 11 e 12 semanas cada um e um ciclo denominado síntese, com duração entre 4 a 5 semanas. Esse conceito foi implantado em toda a escola, da Educação Infantil ao Ensino Médio e deverá ser desenvolvido guardada a natureza e as especificidades dos segmentos e faixas etárias dos alunos.

Outra mudança importante na questão do invariante tempo é a natureza do trabalho do Ciclo Síntese (C4) e as diferentes propostas para os alunos, em função de seu rendimento escolar nos ciclos anteriores. Os tempos e rotinas serão definidos pelas atividades a serem feitas: caso o aluno esteja em Consolidação, por não ter atingido média em determinado componente curricular, ele estará em aula, definida por horário específico. Entretanto, nos outros momentos em que ele está em Aprimoramento, terá o tempo para desenvolver seus projetos, em diferentes ambientes da escola, contando com o suporte e a supervisão de professores, estes também experimentando outras formas de trabalhar com os alunos.

No final de 2019, ocorreu a primeira experiência no currículo da escola, no que diz respeito ao Ciclo Síntese (C4) e suas especificidades.

Concluindo, o invariante tempo desloca-se do modelo de escola tradicional em direção ao de não tradicional, nas chamadas "janelas de oportunidades", na definição de ciclos fundamentais e de síntese do ano letivo, na natureza do trabalho Ciclo Síntese (C4) e, simbolicamente, com a retirada do sinal sonoro, marcador do tempo didático das aulas.

7.2. Categoria Espaço

O Quadro 15 ilustra a categoria Espaço.

Quadro 15 – Categoria Espaço

Categoria	Escola tradicional	Escola não tradicional (inovadora)
Espaço	Sala de aula, corredores, edifício próprio, carteiras individuais enfileiradas, lousa, cadernos, livros e apostilas.	Ambientes diversos, flexíveis e abertos. Possibilidade de transitar entre os espaços. Maior integração com a natureza. Maior integração com o território. Mobília adaptável, de uso coletivo, estimulando agrupamentos. Objetos tecnológicos. Integração com espaços virtuais.

Fonte: Adaptado de Barrera (2016, p. 136)

As instalações de ambas as unidades, guardadas suas especificidades, preservam a ideia original de salas de aula e corredores. Existem espaços especializados para diferentes finalidades do trabalho pedagógico. Intervenções arquitetônicas têm sido feitas nesses espaços. Entretanto, a grande mudança está em como esses espaços são utilizados e que tipo de soluções foram encontradas para que haja flexibilidade de arranjo de alunos, tecnologia disponível e ampliação do conceito de sala de aula para espaços físicos outros.

Encontram-se disponíveis salas com mobiliários flexíveis, com possibilidade de uso de todas as paredes para compartilhamento de ideias, tecnologia móvel. Estas são utilizadas mediante agendamento.

Destacam-se, também, espaços especializados como o denominado CreateLab onde se explora a cultura *maker*. Outro olhar importante é a utilização, de maneira criativa, de espaços já estruturados como laboratórios, biblioteca, dentre outros.

As salas de aula não são mais utilizadas por uma única turma no período, pois há de dois a três arranjos de turmas por série, do 6º ao 9º ano do Ensino Fundamental, o que favorece a maior circulação dos alunos pelos espaços.

Ter sido definido que não haverá salas de aula na escola com os alunos em carteiras enfileiradas é um grande passo para estimular novas metodologias, com novos arranjos de alunos para o trabalho. Importante destacar que a mudança física em si não é garantia de que estejam ocorrendo mudanças nas práticas pedagógicas. É um caminho. Entende-se que essa demanda feita pela instituição vá criar novas possibilidades para o trabalho entre professores e alunos.

Identifica-se em 2018 e 2019 a ocupação de diferentes espaços da escola, como corredores, rampas, pátios, por alunos e professores, utilizando diversos recursos como iPads, ChromeBooks, celulares, materiais não estruturados para explorar e sistematizar seus conhecimentos. Atribui-se, em especial, ao componente curricular Cotidiano em Questão, implantado em 2018, como um dos fatores que alavancaram uma série de iniciativas por parte de professores de outros componentes curriculares.

A implantação do Ciclo Síntese (C4) prevê uma nova dinâmica da escola e ocupação de espaços, uma vez que, embora alguns deles serão utilizados para atividades de Consolidação, com formato semelhante ao que se tem atualmente, outros espaços se transformarão em salas ambientes, organizadas em áreas, como Ciências Humanas, Ciências da Natureza, Matemática e Linguagens.

Na perspectiva do espaço virtual, entende-se que o uso contínuo de ambientes (por exemplo, *Google Classroom*, assim como outros recursos do *G Suite for Education* e de outras plataformas) permite diferentes possibilidades de trabalho pedagógico, síncrono e assíncrono. Experiências com ensino híbrido, as propostas de Núcleo de Apoio, de Mentoria são algumas das experiências que fazem parte do cotidiano da escola. Alunos da 3ª série do Ensino Médio utilizam os recursos digitais da Plataforma Ari de Sá. Vale ressaltar que a certificação de Escola Referência Google sinaliza o desenvolvimento de práticas inovadoras com recursos tecnológicos.

Concluindo, percebe-se um importante deslocamento da escola, no sentido de ruptura com o modelo de escola tradicional (na ocupação de diferentes espaços da escola, na definição institucional de não utilizar carteiras enfileiradas, na flexibilidade em propor diferentes agrupamentos de alunos, em fazer uso criativo de espaços antigos, em oferecer novas configurações de espaço, utilizando ambientes virtuais para a aprendizagem e dotando os espaços de tecnologias móveis), assumindo, cada vez mais, características de escola não tradicional, ainda que com instalações físicas datadas.

Os espaços definem o currículo e o currículo define como os espaços são utilizados. A modernização gradual das instalações passa por essa relação e demanda, também, criatividade para se evoluir a partir do que se tem.

7.3. Categoria Saber

A partir do Quadro 16, são extraídos os elementos de análise para a categoria Saber.

Quadro 16 – Categoria Saber

Categoria	Escola tradicional	Escola não tradicional (inovadora)
Saber	Sequencial, do mais simples ao mais complexo, professor detém o conteúdo e o julgamento sobre a apropriação que os alunos fazem daquele, por meio de provas com notas, que determinam a possibilidade de o aluno seguir para o próximo período. Retenção, recuperação e reforço. Currículo predefinido, com objetivos aula a aula. Transmissão oral pelo professor com suporte escrito. Exercícios, lição de casa. Saberes formais explicitados.	Currículo flexível ou modular, trajetória de aprendizagem do aluno, avaliação formativa, autoavaliação ou avaliação mediante solicitação do aluno (quando se sente preparado), professor ou computador registra os conteúdos que os alunos aprenderam e relaciona com os parâmetros curriculares. Uso de dispositivos para registros individuais ou coletivos. Roteiros de estudo. Grupos de estudo. Vivências. Projetos. Pesquisas. Conteúdos da internet. Conteúdos da comunidade. Saber formal, informal, popular e tradicional. Conteúdos não são previamente definidos ou explicitados aos alunos. Saber prático. Pessoas da comunidade e colegas são fontes de saber. De acordo com o interesse do aluno. Competências socioemocionais.

Fonte: Adaptado de Barrera (2016, p. 136)

Os movimentos curriculares da escola na categoria saber, deslocando-se da escola tradicional para a não tradicional, se dão em diversas dimensões. No que se refere à criação de novos componentes curriculares destaca-se o fato de serem parte do horário regular dos alunos do 6º ao 8º ano do Ensino Fundamental.

No Cotidiano em Questão – CoQuest, identificam-se os seguintes elementos:

- A concepção, o planejamento e a implementação se dão numa perspectiva interdisciplinar, ou seja, professores de diferentes áreas (Ciências Humanas, Ciências da Natureza e de formação pedagógica, voltada para o uso de Tecnologias Digitais da Informação e da Comunicação) pensando o currículo;
- O currículo se constrói a partir de perguntas a serem respondidas pelas diferentes áreas ao longo do ano, prevendo, ao final, uma síntese dos alunos utilizando uma das três perspectivas ou combinando várias delas;
- A forma como tem sido trabalhado o componente também é diferente: em cada ciclo, cada turma explora o tema sob uma área, sendo o último, o Ciclo 4, destinado à síntese. Ao longo do ano, três professores trazem as três perspectivas;
- Uso de metodologias ativas, com a ocupação de diferentes espaços da escola e fora dela, transformando a relação de sala de aula convencional;
- Ressignificação do uso dos laboratórios de Ciências da Natureza;
- Trabalho em equipe, colaboração como princípio e como competência a ser desenvolvida;
- Abordagem de "cultura *maker*", fazendo com que o espaço *maker*, denominado "CreateLab", seja uma consequência de algo maior, ainda que sua existência possibilite a evolução da proposta;
- Temas que tratam importantes questões da contemporaneidade: sustentabilidade, empreendedorismo e direitos humanos.

O componente "Jovem em Perspectiva" traz outras características na linha da inovação.

- Abordagem curricular de temas que trazem dilemas da adolescência, procurando fortalecê-los para fazer boas escolhas na vida;
- Parte integrante de um módulo interdisciplinar, envolvendo Espanhol, Redação e Artes;
- Metodologias ativas, ocupando vários espaços da escola e utilizando diferentes linguagens para os alunos poderem explorar, refletir e sistematizar seus conhecimentos, ideias e sentimentos;
- Trabalho colaborativo entre os alunos;
- Desenvolvimento de competências socioemocionais, seja pela forma como as dinâmicas de aula são desenvolvidas, seja pelos temas e reflexões proporcionados.

Os Módulos Universitários, analisados pela categoria Saber, destacam-se como possibilidades de contato significativo do aluno do Ensino Médio com o Ensino Superior. Entretanto, como é optativo e tem apresentado, até o momento, baixa adesão por parte dos alunos, sinaliza a necessidade de se reavaliar sua implantação e até mesmo sua viabilidade.

A nova forma de recuperação paralela após os ciclos C2 e C3, assim como o compromisso declarado de aprimorar a aprendizagem do aluno, sinaliza uma nova relação com o saber, uma vez que busca possibilidades, além das existentes, numa divisão do processo em duas etapas, A e B, em que os conteúdos essenciais são divididos em duas partes, a fim de permitir melhor consolidação da aprendizagem. Tendo sido implementada em 2019, ao final desta pesquisa, apenas uma etapa havia sido vivida pela escola e não se tem os dados à disposição para análise.

A criação do Ciclo Síntese (C4) e sua natureza concretizam mais uma iniciativa da escola no deslocamento entre escola tradicional e não tradicional, na categoria do Saber. Propõe-se, com a possibilidade de atividades de Aprimoramento e Consolidação da aprendizagem, que os alunos percorram trilhas diferenciadas, em função de seu rendimento escolar, suas especificidades e seus interesses. Outra dimensão da relação com o saber é a possibilidade de o aluno, em Aprimoramento, poder escolher, dentre diversas atividades apresentadas, como será a sua composição de pontos para o período. Conjuntamente, será dedicado um tempo importante, de aula regular, para consolidação de aprendizagem. Nesse sentido, de maneira tangível, o currículo se apresenta contemplando as diferentes expectativas e necessidades dos alunos, oferecendo-lhes o que necessitam para aprender mais e melhor.

O Ciclo Síntese (C4) possibilita que os professores vivam uma experiência inédita no sentido de serem orientadores de projetos, inclusive de alunos que não os seus e de estarem em espaços físicos diferentes para isso.

Outro aspecto com relação à categoria Saber é a decisão de incorporar a BNCC da Educação Infantil e do Ensino Fundamental antes do prazo previsto pela legislação brasileira que era até 2020. Cabe destaque que a decisão de implantação veio acompanhada de não a vincular à aquisição de novos materiais didáticos, uma vez que o setor editorial brasileiro mostrava-se, em geral, com um cronograma atrasado, o que não permitiria uma análise mais apurada das mudanças em função da BNCC. Desprende-se, portanto, da necessidade de material didático compatível com o novo momento, fazendo-se, para 2019, adaptações necessárias.

O processo decisório envolvendo a implantação da BNCC demonstra uma nova relação com os saberes a partir do momento que é demandada uma análise vertical do currículo, envolvendo coordenações dos diversos segmentos. Como foi sinalizado anteriormente, foram identificadas, por parte da gestão, condições favoráveis à implementação, em função do contexto da instituição, suas pessoas e seu momento de desenvolvimento. Foi uma decisão tomada com segurança.

A escola em tela se caracteriza e se situa entre as categorias "tradicional" e "não tradicional", em diferentes níveis para cada categoria analisada, guardando elementos de ambas.

No capítulo a seguir, propõe-se analisar o papel da gestão escolar no movimento de inovação curricular, a partir das experiências apresentadas na pesquisa.

CAPÍTULO 8
GESTÃO ESCOLAR E INOVAÇÃO CURRICULAR

Frente ao conjunto de elementos apresentados em que se identifica um significativo movimento de inovação curricular numa instituição que, como dito anteriormente, tem mais de 70 anos de existência, cabe trazer a análise sob a lente da gestão escolar nesse processo.

8.1. Gestão e relações de poder

As ações da gestão escolar são definidas pelo *modus operandi* da instituição na qual atua e do sistema ao qual pertence. Ao mesmo tempo, não é algo inflexível, pois se estabelece, também, por meio da ação do gestor ou dos gestores das demais pessoas da organização. Nesse sentido, remete-se à categoria Poder, proposta por Barrera (2016) para analisar as relações estabelecidas nesse processo, foco da pesquisa.

Quadro 17 – Categoria Poder

Categoria	Escola tradicional	Escola não tradicional (inovadora)
Poder	Burocrático, autoritário (baseado em autoridade, diferente de autoritarismo), mecanismos de premiação e punição definidos.	Assembleia, colegiados, acordos coletivos, regras coletivamente construídas e frequentemente atualizadas, castigos não previamente definidos.

Fonte: Adaptado de Barrera (2016, p. 136)

Identificam-se alguns elementos de gestão não ligados, especificamente, aos mencionados pela autora. Entretanto, remetem-se ao processo decisório ou a iniciativas de diferentes formas de relação entre a gestão, professores, alunos, pais e outras equipes:

- Decisão de substituir a função da assessoria pedagógica, criando a coordenação de projetos, trazendo para perto professores comprometidos, competentes e inovadores para pensar a escola e seu currículo, fez com que as relações de poder se modificassem na escola;
- Embora com esferas decisórias específicas, baseadas na autoridade e responsabilidade de diferentes papéis, o processo de inovação curricular foi construído de maneira participativa, com pessoas diretamente ligadas ao contexto da escola e da sala de aula, professores e alunos;
- Experiências de reflexão e interação propostas pelos Encontros com a Direção permitiram uma escuta mais atenta às demandas e expectativas da família por parte da escola, assim como o desenvolvimento de um olhar mais qualificado dos pais quanto à proposta de formação da mesma;
- Destinação de um dos Encontros com a Direção, a cada ano, com foco específico de acolher o olhar dos pais quanto as conquistas, desafios da instituição, assim como o acolhimento de críticas e sugestões estabelece uma nova relação com vistas ao aprimoramento do currículo;
- Atividades dentro da escola que favorecem e estimulam o protagonismo dos alunos envolvem processos decisórios coletivos, por exemplo, na Monitoria.

Relações mais horizontais ou menos verticais pressupõem a crença de que há muitos saberes e competências nas pessoas e nos grupos e, embora às vezes possam parecer mais complexas, são mais eficazes no processo de mudança, de inovação.

Tratando-se da relação da escola com a família, cabe ressaltar alguns pontos que estão ligados à gestão. A escola foco da pesquisa é uma instituição privada, ainda que sem fins lucrativos. Viabiliza-se, portanto, pela escolha dos pais e dos alunos, em diferentes graus, por estarem ali. Estabelece-se, nesse sentido, além da corresponsabilidade das instituições, uma relação de prestação de serviços entre escola e família.

Esta é uma relação bastante peculiar, porque, embora a escola seja uma prestadora de serviço, ela não está *a serviço* das expectativas e desejos de cada família. Isso se dá, essencialmente, por duas razões: a primeira é que a escola está a serviço de uma proposta de formação mais ampla, explicitada por seu Projeto Político Pedagógico, que expressa sua identidade e é traduzida por meio de um currículo, vivo, dinâmico. A segunda é que, dada a diversidade de famílias, seus contextos, dinâmicas e características, a escola não pode atender, por completo, as expectativas ou demandas de cada uma das famílias individualmente. Nesse sentido, os pais escolhem um serviço a ser prestado que, com certeza, não os satisfará completamente como "clientes".

Dentro da dimensão de competências, de maneira muito simples, à família compete a formação do indivíduo e à escola compete a formação do cidadão. Na convergência entre essas duas esferas, atua-se em parceria para que esse aluno/filho possa se formar e se constituir. Haverá divergências e conflitos nessa relação, mas há que se ter a clareza de que é compartilhada por escolha, por um compromisso maior.

À luz da visão de Lipovestky, em 2019, na palestra já anteriormente citada a respeito da sociedade do hiperconsumo, há que se estar atento quanto às necessidades das famílias com relação à educação de seus filhos, em especial quando se trata de educação privada, pois estas podem vir ao encontro de modismos, de reflexões superficiais e de expectativas imediatistas acerca da função da escola e da proposta de formação de crianças e jovens. Os gestores não estão isentos desse contexto! Daí a necessidade de, como dito anteriormente, se procurar diferenciar novidade de inovação.

Quanto mais claros esses papéis estiverem, quanto melhor comunicada e compreendida for a proposta de formação e, ainda, quanto mais estruturados forem os canais de interlocução, melhor será a relação entre a família e a escola. Os Encontros com a Direção, já instaurados na escola, possibilitam o estabelecimento de um rico canal para o fortalecimento dessa relação.

8.2. Gestão, fases e características da Inovação Curricular

A fim de analisar o papel da gestão no processo de inovação curricular, retomam-se as fases da mudança propostas por Fullan (2016), quais sejam: iniciação, implantação e institucionalização. O caráter recente do recorte histórico da pesquisa, de abril de 2017 a 2019, assim como a finalização da pesquisa trazem algumas limitações, dado que há ações em curso, no ano letivo de 2019. Entretanto, o que se pretende destacar são questões referentes ao processo decisório do gestor ao longo desse período.

A natureza do trabalho da escola e seu funcionamento estabelecem os anos letivos como grandes marcos para a implementação de novas propostas. Decorre deste fato que grandes mudanças ocorrem, pelo menos, de um ano letivo para outro. Essa constatação gera tensões nos processos decisórios, pois quando se vislumbra um caminho, traduzido por uma ideia, na visão de Fullan (2016), envolvendo a iniciação, surgem questões: quanto se pode investir e implantá-la para o próximo ano letivo e quando se deve desenvolver e esperar para a implantação para o outro ano? Qual a urgência ou a prioridade dessa mudança? Quais as condições para que ela se viabilize? Qual seu escopo?

Em se tratando de elementos necessários para a inovação, resgatam-se os quatro elementos propostos por Fullan (2016): necessidade, clareza, complexidade e qualidade.

A decisão de se implementar um conjunto tão variado e amplo de ações, envolvendo diversas dimensões do currículo, pode comprometer a visão sobre o que é prioridade e a compreensão das equipes sobre a necessidade das mudanças. São muitas as variáveis ao mesmo tempo. Entretanto, entende-se que o desafio e o movimento pelo qual passa a escola, embora esteja situado em tempo recente, teve seu início num processo de desenvolvimento de pessoas, gestores, professores, equipes, alunos e familiares de muito tempo. A ideia é que a instituição se encontra nesse estágio tão significativo porque vem percorrendo sua trajetória: em movimento, em metamorfose.

A clareza do que se espera e do que não se espera é sempre um desafio para a gestão e para os processos de mudança. Agrega-se, ainda, a possibilidade do que Fullan (2016) denomina de falsa clareza, aquela produzida por uma visão superficial ou imediatista.

O fato é que o processo de mudança também modifica o gestor. Esse processo não é algo acabado e sim algo em construção, que se alimenta dos sujeitos envolvidos. Não se tem todas as respostas. O que se tem são muitas perguntas que também vão sendo construídas durante o processo. O tempo todo deve-se buscar alinhar as referências e compreensões para que, cada vez mais, todos possam se apropriar e contribuir com o processo.

A complexidade, elemento de grande importância, reflete o quanto o que está sendo proposto demanda das pessoas. Em palavras mais simples, o quanto as pessoas dão conta do processo. No caso desta escola, trata-se de movimento de alta complexidade, dada a quantidade de ações em andamento e do número de pessoas que dela fazem parte. Embora não tenham sido explorados seus desdobramentos, algumas ações se refletem em todos os segmentos da escola e não são percebidas da mesma maneira por cada uma das pessoas envolvidas. Novas aprendizagens e habilidades são requeridas e altera-se, ainda que gradativamente, a cultura escolar vigente manifestada, também, por crenças e valores.

Por fim, o quarto elemento, que diz respeito à qualidade da proposta, tem grande relação de dependência com a atuação do gestor escolar e o processo decisório que se estabelece. Envolve diversas variáveis e pressupõe o desenho, de forma competente, de processos assertivos que favoreçam a mudança. Relaciona-se, também, com infraestrutura e com a forma como a instituição opera.

Importante ressaltar que ideias precisam de processos para se transformar em ação. Em se tratando de qualidade da proposta, existe, nos processos de mudança, um limite tênue entre o que pode ser considerado transição ou desorganização por parte das pessoas envolvidas, principalmente quando se trata de estruturas tão estabelecidas como a escola, além de suas responsabilidades. Visão sistêmica é fundamental e o sucesso (assim como o menor desgaste) ocorrerá tanto mais as diferentes variáveis forem consideradas. Exemplificando: um sistema de avaliação está ligado a uma concepção pedagógica e às práticas de sala de aula, mas também está no sistema de notas que o processa, na emissão de documentação oficial que a escola tem que dar, nos mecanismos de comunicação virtual com aluno e família, quando existentes, enfim, diversos elementos que, num processo de implantação, se dão com a escola em andamento.

Durante o período de implantação, foi estabelecida uma gestão compartilhada entre os Diretores, com o objetivo de transformar as decisões em ações. Nesse sentido, a Diretora Geral concentrou-se nas ações de responsabilidade direta junto à Fundação e delegou o desenvolvimento dos projetos aos Diretores de unidades que montaram Grupos de Trabalhos ou GTs. Cada gestor escolheu pessoas de ambas as unidades para conduzir as ações. Para muitos dos GTs foram chamados professores para participar do grupo. Foi uma forma de trazer, para outros papéis, professores que poderiam contribuir com o desenvolvimento da instituição. Foram criados GTs de Inovação Curricular, BNCC, Organização dos Espaço da Sala de Aula, dentre outros. A configuração de grupos contemplando as pessoas que trabalham em ambas as unidades traz, dentro da unicidade dos projetos, as especificidades das culturas escolares próprias de cada uma delas.

Na perspectiva dos aspectos essenciais para práticas inovadoras, elencados por Hernandez e Ventura (1989), identifica-se, no contexto da escola pesquisada, o compromisso com sua história e sua identidade, num processo de metamorfose. Está presente o caráter histórico, cíclico, dinâmico e dialético, uma vez que depende, essencialmente de como se articulam os diferentes pontos de vista e representações e, à medida que este se constitui, constitui os sujeitos envolvidos. Com diferentes níveis de adesão e comprometimento com as inovações, são identificados grupos de referência que impulsionam o movimento, constituído pelos coordenadores de projetos e coordenadores pedagógicos. A eles se somam os professores que se mostram, no momento inicial, mais engajados com as propostas. Passa, também, pelo impacto de adesão gradativa, considerando as diferentes fases do processo.

8.3. Gestão e cultura organizacional

No que se refere à cultura organizacional, como apresentada por Bowditch, Buono e Stewart (2008), destaca-se a importância de se levar em conta a senioridade da instituição com seus mais de 70 anos de existência e o quanto se faz necessário buscar identificar os elementos subjetivos da cultura existente e se projetar a cultura que se pretende implantar. Vale ressaltar a relevância das subculturas, tanto para se identificar as resistências quanto as adesões ao processo.

O gestor precisa compreender a cultura organizacional da qual faz parte, que o constitui como pessoa e que influencia a maneira como a sua liderança se estabelece, seus estilos e orientações, modelos mentais, assim como caminhos para solucionar problemas. Essa compreensão, certamente, envolve a subjetividade do gestor. Entretanto, não considerar a existência da cultura é mais limitante na implantação de inovações curriculares do que considerar vieses que estão presentes na análise.

A cultura organizacional é o que, em parte, se conecta ao tempo necessário para que as mudanças ocorram. Trata-se de uma evolução e não de uma revolução.

A mudança de cultura se dá no desenvolvimento das pessoas, dos processos e se manifesta, também, em comportamentos.

Algo que está penetrando, aos poucos, na instituição foco da pesquisa, é a ideia de que inovar não é algo bom *a priori*, mas que o movimento, a evolução, o desenvolvimento da instituição se fazem necessários e passam, necessariamente, pelo desenvolvimento e engajamento das pessoas que dela fazem parte. Certamente, existe uma dose de incertezas pelo que não foi feito, não foi experimentado, mas pensar além é algo necessário e que precisa ser valorizado, cada vez mais, na cultura da instituição.

8.4. Gestão escolar e motivação

Retoma-se Amabile (1998), que apresenta a questão da criatividade ligada à inovação como a área de convergência entre três elementos: expertise, competências de pensamento criativo e motivação. Estes

115

podem ser influenciados pela gestão que atua na direção do constante desenvolvimento profissional seu e das pessoas ao seu entorno. Procura fortalecer as equipes e os processos, escolhendo, também, novas pessoas que possam ampliar a competência do grupo, trazendo novos saberes, olhares, questionamentos. As soluções e caminhos traçados demandaram o exercício do pensamento flexível e criativo quando, por exemplo, na oportunidade da definição dos tempos do ano letivo.

Por fim, considerações sobre o elemento motivação, este de natureza intrínseca e extrínseca que, segundo a autora, é, dentre os três, o de maior relevância para que se crie o espaço da criatividade e da inovação. A motivação intrínseca conecta-se com a atribuição de sentido e de relevância sobre o que se está fazendo, o que se busca, o que se precisa. Envolve o que processo de inovação significa para cada uma das pessoas.

A motivação coletiva vem das motivações individuais, como bem sinaliza Barrera (2016). Em se tratando de motivação extrínseca, elementos externos da valorização das pessoas precisam ser constantemente aprimorados. Faz-se necessário desenvolver-se novas formas de relação profissional entre professores, em especial os especialistas, e a escola, que superem os desenhos da hora/aula e estabeleçam condições e viabilidade para que sejam propositores de iniciativas e projetos.

Cabe, ainda, o desenvolvimento de plano de crescimento profissional que possa explicitar caminhos para que os professores evoluam em sua profissão, sem, necessariamente, deixar a docência. Também contribuem para esse processo as avaliações e devolutivas profissionais que, aperfeiçoadas continuamente e estabelecidas pelo diálogo transparente e respeitoso, devem explicitar demandas, expectativas e caminhos para que todos possam evoluir.

8.4.1. Motivação e conquistas: o "livro laranja"

A valorização de conquistas ao longo de processos é fundamental para promover a motivação e tornar tangível o caminho percorrido. Celebrar pequenas vitórias (Figuras 5 e 6) é mais poderoso do que o que falta a ser feito, ainda que essa visão também seja necessária. Uma destas iniciativas traduziu-se na escrita do "Livro laranja".

Figura 5 – Lançamento do "Livro Laranja"

Fonte: Arquivo FRSP (2018)

Figura 6 – Autógrafos dos professores autores

Fonte: Arquivo FRSP (2018)

No início do ano de 2018, na oportunidade do Encontro Riobranquino de Planejamento, a Diretora Geral mostrou aos seus professores o livro de sua autoria, publicado em 2017, pela Fundação de Rotarianos de São Paulo, reunindo um conjunto de artigos seus,

117

escritos para a mídia impressa. Chamava-se "Educando para o Século XXI: protagonismo, responsabilidade social, formação global". Como o livro tem a capa de cor azul, a Diretora usou esse mote para que, em 2018, os professores escrevessem artigos para publicar um livro com capa laranja. E assim foi feito o "Livro laranja".

Em agosto de 2018, durante o Festival do Livro em Família, ocorreu o lançamento do livro "Educando no Século XXI: uma escola em metamorfose", com 60 autores, educadores das duas unidades do Colégio Rio Branco, sobre suas práticas da Educação Infantil ao Ensino Médio, com crianças e jovens ouvintes e surdos. Reuniu, também, alguns artigos de Coordenadores Pedagógicos, Coordenadores de Projetos e Diretores do Colégio Rio Branco. Algumas citações nesta pesquisa vieram das experiências relatadas nele. Algumas citações desta pesquisa foram retiradas desse material.

Essa iniciativa, na perspectiva da valorização das pessoas e das conquistas, foi muito importante, pois tangibilizou práticas de sala de aula, demonstrou a capacidade de realização do grupo e possibilitou que surgisse nos docentes um sentimento muito positivo de realização, competência e engajamento. Ficou decidido que, a partir de então, todo ano será lançado um livro com práticas de sala de aula. O "Livro verde" foi lançado em setembro de 2019. O número de artigos submetidos para elaboração do livro foi maior que o previsto para publicação, crescendo de 32 em 2018 para 47 em 2019. Fez-se necessária uma seleção para manter o número previsto de 32 artigos, ficando os demais para o próximo volume.

8.5. Gestão escolar e o desenvolvimento de pessoas

O engajamento com o projeto se dá pelo sentimento de pertença, pela identificação de sentido, pelo reconhecimento próprio de competência de enfrentar desafios. O desenvolvimento profissional é um processo de corresponsabilidade, envolvendo uma dimensão institucional e uma dimensão pessoal de cada sujeito.

Dentre as oportunidades de desenvolvimento profissional, destaca-se o compartilhamento de práticas entre professores, atividade realizada em vários formatos, que ocorre em reuniões noturnas. Ora elas ocorrem por experiências serem compartilhadas entre todos os professores, da Educação Infantil ao Ensino Médio, o que dá uma dimensão vertical do trabalho realizado, ora elas ocorrem por tema, podendo os colegas se inscrever para participar naquele que mais lhes interessa. O compartilhamento de práticas no formato de oficina permite que todos experimentem os recursos escolhidos, ou seja, aprendizagem entre pares, algo de muita relevância no desenvolvimento de pessoas.

Trazendo a questão das metodologias ativas e sua relação com as Tecnologias Digitais da Informação e da Comunicação, tem sido oferecido, pelo terceiro ano consecutivo, o Curso Tendências Emergentes em Educação, feito na modalidade de Educação a Distância, da *Tampere University of Applied Science* (TAMK), na Finlândia. Passaram por essa formação 65 profissionais da escola.

Como parte do processo de desenvolvimento profissional de educadores, tem se procurado valorizar e incentivar a certificação da plataforma *Google for Education*. Estruturada em níveis como Educador Google Níveis 1 e 2, há também a certificação de Instrutor Google, *Inovador Google* e *GSuite*[12]. Tendo a escola aderido à Plataforma *Google for Education* em 2016, procurou-se oferecer, nos três últimos anos, oportunidades para que professores e membros de equipe técnica pudessem aprimorar-se não só tecnicamente, mas, essencialmente, pensar novas práticas em sala de aula, utilizando dois atributos que impactam a aprendizagem: conectividade e colaboração.

Em 2019, o Colégio Rio Branco recebeu a certificação de Escola de Referência Google. Trata-se de um reconhecimento pela utilização da plataforma *Google for Education* e seus diferentes aplicativos (apps), de maneira inovadora e integrada ao currículo. Dentre os critérios para a certificação está o desenvolvimento profissional de educadores, sendo necessária a realização das seguintes avaliações de certificação: Educador Google Nível 1, Educador Google Nível 2 e *Trainner*, considerado o Nível 3.

O grande desafio que se coloca no desenvolvimento das pessoas é que o fato de adquirirem novos conhecimentos ou até experimentarem novas metodologias, que poderiam ser aplicadas em suas práticas,

---

[12] Disponível em: https://teachercenter.withgoogle.com/certification. Acesso em: 27 mar. 2019.

não significa, necessariamente, que isso ocorra. Nessa perspectiva, Sacristán (2000) aborda a coexistência de novas ideias pedagógicas com antigas práticas:

> As ideias pedagógicas mais aceitáveis e potencialmente renovadoras podem coexistir e de fato coexistem, com uma prática escolar obsoleta. Tal incongruência e impotência para a transformação da realidade ocorre, em boa parte, porque tal prática está muito ligada ao tipo de currículo contextualizado em subsistemas diversos e aos usos criados por seu desenvolvimento, ou que se expressam através deles, que permanecem muito estáveis. Por isso, a renovação do currículo, como plano estruturado por si só, não é suficiente para provocar mudanças substanciais na realidade. O discurso pedagógico, se não totaliza toda essa trama de prática diversas, não incide rigorosamente em sua análise e será incapaz de proporcionar verdadeiras alternativas de mudança nas aulas. (SACRISTÁN, 2000, p. 29)

Portanto, o desenvolvimento profissional, traduzido em encontros, cursos e leituras, deve ser, de alguma forma, mensurado a partir de indicadores de sala de aula. A qualidade, por exemplo, de um curso, não deveria estar tão somente no curso em si, mas nas experiências que o professor desenvolve a partir desses conhecimentos.

8.6. Gestão e infraestrutura

A realização de inovações curriculares pressupõe alocação de recursos: financeiros, humanos e infraestrutura. Em sendo finitos esses recursos, definidos por políticas, contextos, prioridades, torna-se imperativo criatividade para utilizá-los.

A modificação feita no horário das aulas, a partir de outra lógica, por exemplo, foi fundamental para a implementação dos módulos interdisciplinares, sem criar novos custos. Da mesma forma ocorreu ao se instituir a Coordenação de Projetos em substituição à Assessoria de Aprendizagem, Avaliação e Resultados destinando horas de trabalho para pensar as ações, ainda que aumentando, apenas, de 44 horas para 48 horas de coordenação.

Foi necessário buscar caminhos que viabilizassem o processo e essa disposição é fundamental para o gestor, pois há que se ir além dos limites e buscar possiblidades.

Em momentos em que são necessários recursos financeiros, dentro de viabilidades, eles precisam ser destacados para as prioridades definidas. Por exemplo, na direção contrária das chamadas "vitrines de modernidade" mencionadas na Introdução desta pesquisa, à medida que os professores vão se desenvolvendo, que as salas de aula vão sendo ressignificadas, que outros espaços da escola vão sendo ocupados, que as metodologias ativas vão sendo incorporadas ao currículo, tem sido importante evoluir com infraestrutura de tecnologia móvel disponível na escola,

A infraestrutura de desenvolvimento profissional da instituição, com diversas configurações, por exemplo, certificações Google, Tendências Emergentes em Educação, Ensino Investigativo, assim como todas as oportunidades oferecidas para a gestora se aprimorar, sinaliza a importância que as pessoas têm nesse processo de evolução. O que se precisa buscar são caminhos para que, cada vez mais, seja visível em sala de aula esse investimento recíproco da escola e dos educadores.

Nesse sentido, se faz necessário proporcionar infraestrutura em diferentes dimensões para que possam ser iniciadas, implementas e institucionalizadas mudanças.

8.7. Gestão e manutenção de propósito (demanda)

Na complexidade que envolve as dinâmicas de uma organização e, no caso, numa organização escolar, há que se tomar decisões de gestão que devem contemplar tempos e movimentos. Tempos que contemplam a subjetividade da cultura da escola, da motivação e do engajamento das pessoas, assim como os paradigmas instaurados por experiências, crenças, valores, repertórios. Portanto, decisões de cima para baixo, ainda que em alguns momentos sejam necessárias, têm alcance e abrangência limitados. Existe um tempo de maturação e incorporação das mudanças, estas não se dão por decreto ou por visão do gestor.

Entretanto, o tempo necessário para que a cultura organizacional se altere ou que mudanças sejam implementadas depende, essencialmente, de movimentos de gestão, processos desenhados e, mais do que tudo, da visão clara do que se espera, de onde se quer chegar e da manutenção de propósito, esta denominada demanda. Demanda priorização, escolhas, perdas. Mas, mais do que demanda, compartilhamento. Compartilhamento de propósito, comunicação o mais clara possível.

Um exemplo disso foi, após diversas tentativas ao longo dos anos de se romper com a sala de aula com carteiras alinhadas, sem o sucesso esperado, entendeu-se, na gestão da escola pesquisada, que era o momento de definir, institucionalmente, que ali não haveria mais carteiras alinhadas a partir de 2019. Essa decisão poderia ter sido tomada há alguns anos, uma vez que a gestão tem buscado essa mudança há tempos. Entretanto, ter percorrido um caminho, com outras estratégias, envolvendo outras pessoas no processo decisório, trouxe mais segurança à decisão de que isso é o melhor a ser feito.

Manutenção de propósito e demanda, quando envolvem mudança, trazem, ao mesmo tempo, desconforto e segurança. Desconforto pelo novo, pelo desconhecido, pela desacomodação de ideias, de procedimentos, de concepções. Mas, trazem, também, segurança quanto ao fato de que a metamorfose é um caminho sem volta.

Existem contextos em que decisões precisam ser tomadas, de maneira institucional. A forma como são tomadas, a partir de que olhar, de que escuta, do quanto envolve a participação das outras pessoas, faz muita diferença.

CONSIDERAÇÕES FINAIS

A seguir teceremos as considerações e as principais conclusões desta pesquisa.

Nos diferentes papéis de gestão vividos pela pesquisadora, esteve sempre presente a expectativa de que as pessoas se dispusessem a tentar, a ousar, a buscar novos caminhos, mais do que acertar. Essa disponibilidade associa-se com a motivação intrínseca e com o sentimento de segurança e confiança para lidar com o erro, com o desconhecido.

Ao descrever sua trajetória pessoal e profissional, a pesquisadora procurou trazer seu repertório, suas expectativas e o sentido da sistematização acadêmica que se propôs a realizar. O lócus da pesquisa, uma escola com mais de 70 anos de existência, é o espaço de realidade e de transformação da pesquisadora. Fez parte da escola como aluna de uma das unidades e desempenhou, ao longo de mais de 20 anos, diversos papéis, tendo hoje a responsabilidade, o reconhecimento e o compromisso de ser gestora escolar da mesma, na função de Direção Geral.

A senioridade da instituição traz oportunidades e desafios diferentes, comparados a um novo projeto em que fosse possível partir do zero, trabalhando com pessoas escolhidas para atuar na concepção e implementação do mesmo, podendo construir instalações físicas que dessem sentido ao currículo proposto. Nessa dimensão se encontra a beleza do desafio: evoluir a partir do que somos.

Assim, procurar responder a pergunta "Quais os elementos fundamentais da gestão escolar para a implantação de inovações curriculares no interior de uma escola com mais de 70 anos de funcionamento?", sob o recorte metodológico de pesquisa-ação, é um presente e um desafio. Presente porque permite que a pesquisadora/gestora possa olhar sua prática, fundamentada e analisada por teorias que devem transformar e aprimorar essa própria prática. Desafio porque, embora envolva subjetividades, valoração do que está sendo observado, necessita preservar clareza e evidência de análise.

Elementos de subjetividade constituem os indivíduos, a cultura escolar, o gestor escolar. A partir de um distanciamento possível, esses elementos devem ser considerados, para o estabelecimento, a construção e o compartilhamento de propósito, assim como para o estabelecimento de prioridades e estratégias.

Os objetivos específicos propostos (descrever os elementos do currículo que passaram por mudança na instituição, no período de 2017 a 2019; analisar as inovações curriculares quanto aos invariantes estruturais tempo, espaço e relação com saber e identificar os elementos da gestão escolar que fomentam a inovação curricular) foram cumpridos pela pesquisa apresentada nos capítulos 5, 6, 7 e 8.

Cabe destacar que, inicialmente, havia a intenção de se analisar o papel da gestão na implementação de inovações curriculares sob a perspectiva de três elementos: manutenção de propósito (demanda), desenvolvimento de pessoas e infraestrutura. Entretanto, a partir da narrativa da pesquisadora, do aporte teórico para sustentar a sua reflexão e da própria análise de dados, surgiu a necessidade de se criar dois capítulos: um que buscasse explicitar, a partir das categorias tempo, espaço e relação com saber, as inovações curriculares e outro que pudesse trazer o foco para a pergunta da pesquisa no que se refere ao papel da gestão. Nesse sentido surgiram as dimensões da gestão: relação com poder; fases e características da inovação curricular; cultura organizacional; motivação; desenvolvimento de pessoas; infraestrutura; manutenção de propósito. Entende-se que aí, nesse momento, a pesquisa transformou a pesquisadora.

Quanto à narrativa realizada, na oportunidade da análise dos dados, a pesquisadora se deu conta de que seu discurso se remete à escola, como se fosse uma só unidade. De fato, é uma só, no que se refere ao currículo identitário da instituição, parte de uma Fundação, um todo maior. Por decisão de gestão em diferentes níveis, estão sendo implementadas, em ambas as unidades, as experiências relatadas na pesquisa. As inovações são incrementais e institucionais, para além de práticas inovadoras desenvolvidas por um grupo ou professores isoladamente. Certamente, as dinâmicas de cada uma das unidades do Colégio Rio Branco, Higienópolis e Granja Vianna, estão se constituindo nessa experiência a partir de suas culturas próprias.

As indagações foram situadas num contexto, o cenário contemporâneo de um mundo globalizado, conectado em rede, e seus impactos na tendência de formulação de políticas públicas que demandam currículos baseados em competências, que tragam, segundo seus defensores, maior competitividade num cenário econômico e social incerto e desigual. Em contraponto, pesquisadores resgatam a visão de que existe um conhecimento escolar imprescindível, que deve ser ressignificado e que impacta e constitui o aluno e o cidadão. Na visão da pesquisadora, não se trata de oposição entre conhecimento escolar e competências, mas sim da busca, pela ressignificação do currículo, de novos caminhos para conectar a escola, de maneira consistente, sem "vitrines de modernidade", com as necessidades do cidadão que se pretende formar, não para o futuro que virá, mas para o presente e para o futuro que se pretende construir.

Entre permanências e mudanças, procurando diferenciar novidade de inovação, tem sido percorrido um caminho que remeta à inovatividade, como pontuada por Fullan (2016): um movimento traduzido pela busca contínua de aprimoramento e não sendo a inovação curricular algo eventual e sim um processo.

Nesse sentido, a opção por mudanças incrementais, e não disruptivas, busca, a um só tempo, não descartar a cultura e toda a história construída, ao contrário, busca partir dela para projetar caminhos, compartilhar propósitos, engajar e desenvolver pessoas, estabelecer e manter demandas por meio de processos assertivos e competentes de gestão.

As ações sempre foram pensadas numa dimensão mais ampla, pressupondo e considerando que seu detalhamento ou sua depuração se daria com a participação dos envolvidos, trazendo para o processo as experiências, saberes e competências das pessoas. Quando se fala, por exemplo, em janelas de oportunidades pedagógicas, espera-se que sejam abertas e "invadidas" pelos professores a partir de suas vivências com os alunos, suas teorias, seus conhecimentos. Nesse sentido, a clareza de propósito e do que se espera das pessoas é fundamental. E não é algo trivial.

Utilizando as fases da mudança, aplicadas à inovação trazidas por Fullan (2016), ou seja, iniciação, implantação e institucionalização, e lembrando que as mesmas se traduzem em processos não lineares, identifica-se que a maioria das ações em curso encontram-se em fase de iniciação ou implantação. Algumas ações já foram vivenciadas durante todo o ano de 2018, como os novos componentes curriculares, os módulos interdisciplinares, a ressignificação e a ocupação dos diversos espaços da escola, com ampliação do uso de metodologias ativas. Entretanto, outras ações estão em curso, como a definição institucional de que não haverá mais alunos perfilados em sala, a nova divisão dos tempos do ano letivo e suas características, divididos em 3 Ciclos Fundamentais e o Ciclo Síntese (C4) ou, ainda, a mudança no modelo de recuperação paralela.

Esta rica oportunidade de sistematização acadêmica da experiência de gestão permite, dentre tantas aprendizagens, destacar:

- A atuação do gestor abre espaços para fomentar a inovação. Para isso, é necessário desenvolver a própria criatividade, na convergência de três elementos, como pontua Amabile (1998): motivação, expertise e pensamento criativo, flexível, para ir além dos limites e buscar as possibilidades. Destaca-se, entre eles, a motivação, de natureza intrínseca;
- Há que se buscar um equilíbrio entre compreender a cultura organizacional, no caso a cultura escolar, respeitando seus tempos e, simultaneamente, criar demandas para que o movimento em direção às inovações aconteça. Pensar a cultura vigente e projetar a cultura que se pretende alcançar, sabendo o gestor que dela faz parte;
- As subjetividades estão presentes. Inclusive a do próprio gestor;
- Tão ou mais importante que estar aberto para experiências, processos e pessoas de fora da instituição, o gestor deve estar atento para enxergar os saberes e as competências internas.

Longe de esgotar o assunto, abrem-se, neste momento, novas possibilidades de investigação. Seria interessante:

- Pesquisar o quanto as inovações curriculares melhoram a qualidade da aprendizagem dos alunos;
- Analisar, mais detidamente, os ambientes flexíveis de aprendizagem;
- Pesquisar a evolução das vivências interdisciplinares estabelecidas a partir da proposta da escola;
- Desenvolver indicadores para acompanhar as inovações curriculares.

Para encerrar esta reflexão, compartilha-se algo que está muito presente na pesquisadora-gestora: o papel do gestor demanda certa ousadia para transgressão do institucionalizado para o novo, o que, muitas vezes, pode provocar incertezas, inseguranças e reação dos agentes já acostumados com as práticas sedimentadas.

Saber avançar é tão importante quanto saber recuar. Aprender alinhar as próprias expectativas e enxergar as próprias vulnerabilidades são aprendizados necessários ao gestor escolar para projetar aquilo e caminhar na direção daquilo que ainda não está lá.

Inovação curricular não é algo de valor positivo *a priori*. Tem sentido quando é colocada a serviço da essência do que seja a escola e seu currículo, com seus propósitos éticos, estéticos e políticos, na sua dimensão civilizatória. Somente então, transforma-se numa bela empreitada.

REFERÊNCIAS

ABRAMOWICZ, Mere. A importância dos grupos de formação reflexiva docente no interior dos cursos universitários. Castanho S., Castanho ME, organizadores. **Temas e textos em metodologia do ensino superior**. Campinas: Papirus, 2001.

ALMEIDA, Fernando José de. Conhecimento, habilidades e currículo em uma sociedade da informação e do conhecimento: Pensar estratégico. *In*: ALMEIDA, F. J.; TORREZAN, G.; LIMA, L.; CATELLI, R. E. (orgs.). **Cultura, educação e tecnologias em debate**. São Paulo: Sesc São Paulo, 2019.

ALMEIDA, Fernando José de; SILVA, Maria da Graça Moreira da. Currículo e conhecimento escolar como mediadores epistemológicos do projeto de nação e de cidadania. **Revista e-Curriculum**, [S.l.], v. 16, n. 3, p. 594-620, out. 2018. ISSN 1809-3876. Disponível em: https://revistas.pucsp.br/curriculum/article/view/38034. Acesso em: 22 jun. 2018. doi:https://doi.org/10.23925/1809-3876.2018v16i3p594-620.

AMABILE, Tereza. How to Kill Creativity. In: **Harvard Business Review**, sep.-oct., 1998. n.p. Cambridge, MA: Havard Business Publishing. 1998. Disponível em: https://hbr.org/1998/09/how-to-kill-creativity. Acesso em: 10 jul. 2019.

AMORIM, Eliã Siméia Martins dos Santos; SILVA, Elis Regina Santana da; ROSA, Jéssica; PEREZ, Clotilde. O princípio do prazer: o hiperconsumo como escape em tempos de modernidade líquida. **Signos do Consumo**, São Paulo, v. 10, n. 2, p. 70-78, jul./dez. 2018.

BARBIER, Renê. **A pesquisa-ação**. Trad. Lucie Didio. Brasília: Liber Livro, 2002.

BARRERA, Tathyana Gouvêa da Silva. **O movimento brasileiro de renovação educacional no início do século XXI**. 2016. Tese (Doutorado em Educação). Faculdade de Educação da Universidade de São Paulo, São Paulo, 2016.

BERNSTEIN, Basil. **A estruturação do discurso pedagógico**: classe, códigos e controle. Vozes: Petrópolis, 1996.

BLIKSTEIN, Paulo; WORSLEY, Marcelo. Children are not Hackers. Building a Culture of Powerful Ideas, Deep Learning and Equity in the Maker Movement. In: PEPPLER, K.; KAFAI, Y.; HALVERSON, E. (Eds.). **Makeology**: Makerspaces as Learning Environments (Volume 1). New York and London: Routledge, 2016.

BOWDITCH, James; BUONO, Anthony F.; STEWART, Marcus M.. **A Primer on Organizational Behavior**. New York: John Wiley and Sons, Inc. Chapter 10: Organizational Culture and Effectiveness, p. 320-336, 2008.

BRASIL. MEC. **BNCC** - Base Nacional Comum Curricular. Disponível em: http://basenacionalcomum.mec.gov.br/a-base. Acesso em: 20 jun. 2018.

CAFAZZO, Ivone; MARTINS, Juliana M. Zanotti Guimarães; LENZINI, Sobrino. Vida, liberdade e felicidade: o Congresso em Filadélfia como uma experiência interdisciplinar. *In*: COLÉGIO RIO BRANCO. **Educando no século XXI**: uma escola em metamorfose. São Paulo: Colégio Rio Branco, 2018.

CÂMARA, Rosana Hoffman. Análise de conteúdo: da teoria à prática em pesquisas sociais aplicadas às organizações. **Gerais, Rev. Interinst. Psicol.**, Belo Horizonte, v. 6, n. 2, p. 179-191, jul. 2013. Disponível em <http://pepsic.bvsalud.org/scielo.php?script=sci_arttext&pid=S1983-82202013000200003&lng=pt&nrm=iso>. Acesso em: 18 jun. 2019.

CAMPOLINA, Luciana. **Inovação educativa e subjetividade**: a configuração da dimensão histórico-subjetiva implicada em um projeto inovador. 2012. Tese (Doutorado em Educação). Faculdade de Educação, Universidade de Brasília, Brasília, DF, 2012. Disponível em: http://repositorio.unb.br/bitstream/10482/10760/1/2012_LucianaDeOliveiraCampolina.pdf. Acesso em: 8 jul.2019.

CASTELLS, Manuel. A era da informação: economia, sociedade e cultura. *In*: **A Sociedade em rede**. São Paulo: Paz e Terra, 2000. v. 1.

CASTELLS, Manuel; CARDOSO, G. **A Sociedade em Rede**: Do Conhecimento à Acção Política. Lisboa: Imprensa Nacional - Casa da Moeda, 2006.

CHIZZOTTI, Antonio. **Currículo por competência**: ascensão de um novo paradigma curricular. Educação e Filosofia, v. 26, n. 52, p. 429-448, 2012.

CHIZZOTTI, Antonio. **Pesquisa em ciências humanas e sociais**. São Paulo: Cortez, 2000.

CRESWELL, John W. **Investigação qualitativa e projeto de pesquisa** [recurso eletrônico]: escolhendo entre cinco abordagens. Porto Alegre: Penso, 2014.

DELORS, Jacques. **Educação um tesouro a descobrir**: Relatório para a Unesco da Comissão Internacional sobre Educação para o século XXI. São Paulo: Cortez, 1996.

DEMARCHE, Andrea Beatriz S. D. Azevedo; IMPÉRIO, Sílvia Helena. Jovem em perspectiva. *In:* COLÉGIO RIO BRANCO. **Educando no século XXI**: uma escola em metamorfose. São Paulo: Colégio Rio Branco, 2018.

DESECO. **Definition and selection of competencies**: theoretical and conceptual foundations. Background paper. OECD, Revised December, 2001. Disponível em: https://docplayer.net/36280021-Oecd-ocde-deseco-background-paper.html. Acesso em: 22 jul. 2018.

FELDMANN, Marina Graziela. **Formação de professores e cotidiano escolar**. Formação de professores e escola na contemporaneidade. São Paulo: SENAC, p. 71-80, 2009.

FELDMANN, Marina Graziela; MASSETO, Marcos T.; FREITAS, Silvana A. Formação inicial de educadores: currículo, trabalho pedagógico e inovação. **Revista e-Curriculum**, São Paulo, v. 14, n. 03, p.1130-1150, jul. set./2016, Programa de Pós-Graduação Educação Currículo - PUC, SP.

FRSP – Fundação de Rotarianos de São Paulo. **Plano Escolar** - Unidade Granja Vianna. São Paulo, 2019.

FRSP – Fundação de Rotarianos de São Paulo. **Projeto Político Pedagógico**. São Paulo, 2013.

FRSP – Fundação de Rotarianos de São Paulo. **Regimento Escolar 2019**. São Paulo, 2018.

FULLAN, Michael. **The NEW meaning of educational change**. Fifth Edition, New York, NY: Teachers College Press, 2016.

GASKELL, George. Entrevistas individuais e grupais. *In*: BAUER, Martin W.; GASKELL, G. (orgs.). **Pesquisa qualitativa com texto, imagem e som**: um manual prático. Petrópolis: Vozes, 2002. p. 64-89.

HAN, Ana Carolina V. Carmo; SANTOS, Caio Mendes dos. Cotidiano em Questão: desafios de uma proposta curricular inovadora. *In*: COLÉGIO RIO BRANCO. **Educando no século XXI**: uma escola em metamorfose. São Paulo: Colégio Rio Branco, 2018.

HERNANDEZ, Fernando; VENTURA, Montserrat. **A organização do currículo por projetos de trabalho**: o conhecimento é um caleidoscópio. 5 ed., Porto Alegre: Artmed, 1998.

LÜCK, Heloísa. Perspectivas da gestão escolar e implicações quanto à formação de seus gestores. **Em aberto**, Brasília, v. 17, n. 72, p. 11-33, fev./jun. 2000.

MORÁN, José Manuel. Metodologias Ativas para uma aprendizagem mais profunda. In: BACICH, Lilian; MORÁN, José Manuel (orgs.) **Metodologias Ativas para uma Educação Inovadora**: uma abordagem teórico prática (recurso eletrônico). Porto Alegre: Penso, 2017. Disponível em: https://play.google.com/books/reader?id=TTY7DwAAQBAJ&hl=pt-BR&lr=lang_en%7Clang_pt&printsec=frontcover&pg=GBS. PT196. Acesso em: 23 mai. 2019.

PEPLER, Kylie, HALVERSON, Erica. R.; KAFAI, Yasmin. B. **Makeology**: Makerspace and Learning Environments. Vol. 1. Routledge: New York, 2016.

PERRENOUD, Phelipe. **Desenvolver Competências ou Ensinar Saberes?**: A Escola que Prepara para a Vida. Porto Alegre: Penso, 2013.

SACRISTÁN, Jose Gimeno. **O Currículo**: uma reflexão sobre a prática. Porto Alegre: Artmed, 2000.

TAVARES, Fernando Gomes de Oliveira. O conceito de em educação: uma revisão necessária. **Educação (UFSM)**, Santa Maria, p. e4 / 1-19, fev. 2019. ISSN 1984-6444. Disponível em: https://periodicos.ufsm.br/reveducacao/article/view/32311. Acesso em: 18 jun. 2019. doi:http://dx.doi.org/10.5902/1984644432311.

YOUNG, Michael F. D.. Por que o conhecimento é importante para as escolas do século XXI? **Caderno de Pesquisas São Paulo**, v. 46, n. 159, p. 18-37, mar. 2016. Disponível em: http://www.scielo.br/scielo.php?script=sci_arttext&pid=S0100-15742016000100018&lng=pt&nrm=iso. Acesso em: 14 jun. 2018.